Politik Basiswissen für Einsteiger

Schritt für Schritt das politische System Deutschlands verstehen

Sebastian Kobus

Email: info@edition-lunerion.de
www.edition-lunerion.de

Psiana eCom UG
Berumer Str. 44
26844 Jemgum

INHALT

Deutschland, ein Land der Widersprüche

Deutschland. Vielleicht kein anderes Land auf diesem Planeten ruft ambivalentere und aufwühlendere Assoziationen hervor als der gar nicht einmal so große Staat im Herzen des europäischen Kontinents. Deutschland, das ist das Land der Nazigreuel und der Judenverfolgung, das Land der KZs und das Land, das die Welt zwei Mal in einen umfassenden Krieg gestürzt hat. Es ist das Land, das wie kaum ein Zweites die Teilung zwischen dem östlichen und dem westlichen Machtblock des Kalten Krieges verkörperte und das Land, durch dessen Mitte jahrzehntelang Stacheldrahtzäune schnitten. Es ist aber auch das Land ausgereifter Ingenieurskunst und des Wirtschaftswunders, das Land politischer Stabilität und Verlässlichkeit, wissenschaftlicher Exzellenz und künstlerischer Blüten und nicht zuletzt ist es Sehnsuchtsort Tausender, die in Schlauchbooten ihr Leben riskieren, um Eingang zu finden in dieses Land. Deutschland, darin ist sich die Welt letztlich irgendwie einig, ist ein besonderer Fall. Was aber macht es nun aus, dieses Land, in dem sich über die Jahrhunderte hinweg alles fand zwischen den beiden Extremen des unvorstellbaren

Schreckens und der unwiderstehlichen Anziehungskraft? Die Frage ist auch für diejenigen, die darin leben, nicht unbedingt leicht zu beantworten. Zwar sind die allermeisten Bundesbürger mit den Grundzügen gerade der jüngeren Geschichte vertraut und die politische Bildung unserer Schulen sorgt dafür, dass alle zumindest eine vage Vorstellung haben von Wahlen, Demokratie, Parteien und Politikern. Aber selbst politisch Interessierte, die in den Nachrichten aufmerksam das Tagesgeschehen verfolgen, blicken nicht immer durch: Wer darf denn nun was entscheiden in diesem Land? Was steht drin im viel zitierten Grundgesetz und wo kommt es eigentlich her? Was tun unsere Politiker, welche Rolle spielen die Bürger dabei und was kann der Einzelne tun? Was ist ein Überhangmandat und weshalb habe ich zwei Stimmen? Wohin gehen die Steuergelder, wer profitiert davon und was ist überhaupt mit der EU?

Was erwartet Sie?

Zur Politik existiert also eine schier unendliche Zahl an Fragen und selbst, wer eifrig googelt, der tut sich oftmals schwer, alle Einzelinformationen in ein übersichtliches und sinnvolles Gesamtbild einzuordnen. Umso wichtiger ist es, möglichst viele davon zusammenfassend und logisch strukturiert zu beantworten, denn ohne diese Grundlageninformationen ist es kaum möglich, die alltäglichen politischen und gesellschaftlichen Entwicklungen wirklich nachzuvollziehen. Dieses Buch unternimmt nun den Versuch, übersichtlich, klar und strukturiert die oftmals verschlungenen Fäden, aus denen unsere Republik gesponnen ist, zu entwirren und Licht ins Dunkel der vielfältigen politischen Institutionen und Prozesse zu bringen. So nähert es sich dem heutigen Staatsgebilde zunächst in Form einer Zeitreise entlang der wichtigsten Etappen auf dem Weg zur parlamentarischen Demokratie an und klärt anschließend grundlegend auf über die Struktur und das politische System des Landes, erläutert die grundgesetzliche Rahmengebung und schlüsselt Zuständigkeiten und Verantwortlichkeiten auf. Die Grundlagen der Gewaltenteilung und die daraus abgeleiteten Institutionen werden dargelegt, zudem bietet das Buch Orientierung im oft verwirrenden Bund-Länder-

Verhältnisdschungel. Finanzpolitik wird ebenso erläutert wie die Teilhabe der Bürger an demokratischen Prozessen und schließlich kommen auch Außenpolitik und die Einbindung in Organisationen wie EU und NATO nicht zu kurz. All dies erfolgt stets mit sinngebender Einordnung in historische Entwicklungen und zeichnet so immer auch den Werdegang Deutschlands nach, ohne den das Land im Jahr 2020 gar nicht begreifbar ist. Zusätzlich erleichtern Erklärungen wichtiger und oft verwendeter Schlüsselbegriffe das Verständnis der oftmals komplexen Prozesse. Somit bietet das Buch eine umfassende Grundlage, auf der das aktuelle Geschehen nicht nur der Deutschland-, sondern auch der Europa- und Weltpolitik eingeordnet und nachvollzogen werden kann – von jedem, der an dem Land und seiner Gestaltung interessiert ist.

Ein Blick in die Geschichte

Wer ein Land und sein System verstehen möchte, der muss seine Geschichte kennen. Das trifft auf Deutschland mit seiner langen, wechselvollen Geschichte vielleicht ganz besonders zu und wer nun begreifen möchte, wie dieses Land im Jahre 2020 aufgebaut ist und funktioniert, kann das nur, wenn er den jahrhundertelangen Entstehungsprozess nachvollzogen hat. Nun ist aber die Frage nach der Geschichte Deutschlands gar nicht so einfach, denn allein die Frage nach Deutschland ist nicht leicht zu beantworten. Sprechen wir über die Geschichte des gesamten Raumes, den unsere heutige Bundesrepublik einnimmt? Wenn ja, dann müsste man streng genommen mit den keltischen und germanischen Stämmen bereits Jahrhunderte vor Christus beginnen. Um zu einem Verständnis des heutigen Staatsgebildes zu kommen, ist dieser Ansatz aber nicht zielführend. Stattdessen könnte man sich auf die Zeit beschränken, ab der ein einheitlicher Nationalstaat im Bereich des heutigen Staatsgebietes existierte, wofür man eigentlich nicht vor 1990 anfangen dürfte. Sinnvoll ist letztlich eine Herangehensweise, die beide Ansätze kombiniert: Die länger zurückliegenden Anteile der Geschichte werden komprimiert und auf die bedeutendsten Ereignisse reduziert. Naturgemäß verdichtet sich die Handlung, je näher man der Gegenwart kommt – und gerade das 20. Jahrhundert war für Deutschland prägend wie vielleicht für kaum ein anderes Land auf dieser Erde.

Für ein Gesamtbild soll der Ursprung des Menschen auf deutschem Gebiet zumindest nicht unerwähnt bleiben: Seit etwa 35.000 bis 40.000 Jahren ist dieser Bereich des Planeten durchgehend vom modernen Menschen besiedelt, Jäger und Sammler, später in Stämmen vereinigt und ab ca. 58 v. Chr. von den Römern beherrscht, lebten dort und ab dem 10. Jahrhundert war das Gebiet Teil des Heiligen Römischen Reiches Deutscher Nation. Allerdings darf man sich Deutschland zu dieser Zeit keinesfalls als geschlossenes Land vorstellen, vielmehr bezeichnet der Begriff „Deutschland" ein Konglomerat aller damals bestehenden Einheiten wie Fürstentümer, Herzogtümer und auch Königreiche; zu nennen wären beispielsweise Preußen, Sachsen oder auch Bayern. Dieser Zustand hielt bis ins Jahr 1806, als das Heilige Römische Reich Deutscher Nation zusammenbrach, woraufhin sich weite Teile Deutschlands zum „Rheinbund" zusammenschlossen. Nach dem preußisch-österreichischen Kampf gegen Napoleon im Jahre 1812 wurde der Deutsche Bund geschlossen, dem 38 Staaten angehörten. Diese Jahrzehnte hatten also einen erheblichen Einfluss auf die Konsolidierung der Idee eines deutschen Staates, freilich ohne, dass dieser als solcher existiert hätte oder auch nur angedacht gewesen wäre. Verbindungen und Zugehörigkeiten unterschiedlicher Staaten kristallisierten sich aber zunehmend deutlich heraus, was letztlich eine Voraussetzung für folgendes Ereignis war, das viele Historiker heute als Geburtsstunde Deutschlands betrachten: Die Nationalversammlung in der Frankfurter Paulskirche im Jahre 1848. Sie war das Endergebnis revolutionärer Strömungen, die nach Armut, Wirtschafts- und politischen Krisen den ganzen Kontinent in unterschiedlicher Intensität erfasst hatten, und breite Teile der Bevölkerung forderten grundlegende Freiheitsrechte, die Möglichkeit zur politischen Mitbestimmung und ebenfalls erstmals eine nationale Einheit. Das Paulskirchen-Parlament war nun die erste demokratisch gewählte Versammlung auf deutschem Boden und schuf den Nationalstaat des Deutschen Reiches in Form einer konstitutionellen Monarchie. Dieses denkwürdige Ereignis fand am 18. Mai statt, zum Parlamentspräsidenten wählte man den liberalen Politiker Heinrich von Gagern. Ausschüsse und Kommissionen wurden eingesetzt (insbesondere sei der Verfassungsausschuss erwähnt), die Parlamentarier fanden sich in politischen Interessensgruppen zusammen und begründeten somit eine erste Form der Fraktionsbildung. Die herausragendste Leistung dieses Parlaments bestand in der Erarbeitung und Verabschiedung des sogenannten "Reichsgesetzes betreffend die Grundrechte des deutschen Volkes". Wie die Bezeichnung bereits nahelegt, wurden den Bürgern hierdurch erstmalig Grund- und Menschenrechte rechtlich zugesichert – ein tatsächlich revolutionärer und in der bisherigen deutschen Geschichte beispielloser Vorgang. Die wichtigsten Elemente waren unter anderem die Gleichheit aller Bürger vor dem Gesetz (damit verbunden die Aufhebung von Standesprivilegien), die Garantie persönlicher und politischer Freiheitsrechte wie Pressefreiheit, Meinungs- und Versammlungsfreiheit, die Freiheit, ein Gewerbe zu wählen und zu gründen sowie die Abschaffung der Todesstrafe. All diese Rechte und Prinzipien sind bis heute die tragenden Säulen der Grundrechte und konstituierende Elemente des deutschen Grundgesetzes, auch die Verfassung der Weimarer Republik fußte auf diesen im Jahre 1848 schriftlich festgehaltenen Rechten. Die am 27. März 1849 verabschiedete Reichsverfassung war dann die erste Verfassung des noch jungen Deutschlands und sie sah einen föderalen, einheitlichen deutschen Staat vor, zu dem alle Staaten des Deutschen Bundes mit Ausnahme von Österreich gehören sollten. Oberhaupt dieses Landes sollte ein Kaiser sein, den die Nationalversammlung im April 1849 erstmalig demokratisch wählte, allerdings scheiterte der junge Nationalstaat bereits an dieser Stelle: Man wählte den preußischen König Friedrich Wilhelm IV. zum Kaiser der Deutschen, dieser lehnte allerdings ab. Seiner Auffassung zufolge bestand die Legitimation zur Monarchenwürde nach wie vor im angenommenen Gottesgnadentum – ein König oder Kaiser sei also Herrscher aufgrund eines göttlichen Willens und keinesfalls aufgrund einer demokratischen Wahl seiner künftigen Untertanen. Der deutsche Staat fand also kurz nach seiner Begründung bereits ein rasches Ende, weite Bevölkerungsteile der einzelnen Staaten wandten sich schnell wieder monarchisch-restaurativen Ansichten zu und die Errichtung eines einheitlichen Deutschlands konnte vorerst als gescheitert betrachtet werden. Obwohl diese Episode demokratischer Prinzipien nur kurz währte, kann man an ihrer elementaren Bedeutung nicht zweifeln: Die Formulierung von grundlegenden Rechten, die jedem Bürger zustehen, war für Deutschland ein absolutes Novum – die Idee war geboren. Eine Idee, die bis heute Bestand hat und nach wie vor die Grundlage unserer Bundesrepublik bildet. Doch zunächst ging es weiter mit dem Deutschen Bund, innerhalb dessen Preußen und Österreich um die Vormachtstellung kämpften. Dynamik in die Angelegenheit brachte schließlich die fortschreitende Industrialisierung, die in der zweiten Hälfte des 19. Jahrhunderts in Deutschland eine große Rolle zu spielen begann. Davon profitierte Preußen deutlich stärker als Österreich und schließlich gelang es Bismarck, der seit 1862 preußischer Ministerpräsident war, den Deutschen Krieg zu provozieren, indem Österreich besiegt und der Deutsche Bund endgültig aufgelöst wurde. Generell war der Zeitraum des von Bismarck geprägten Preußens eine der bedeutendsten geschichtlichen Phasen für Deutschland auf seinem Weg zu der Gestalt, in der wir es heute kennen. So arbeitete der „Eiserne Kanzler" nicht nur beharrlich auf den Deutsch-Französischen

Krieg von 1870/71 hin, bei dem das preußische Militär siegreich war und welcher die Krönung Wilhelms I. zum ersten Deutschen Kaiser im Jahre 1871 ermöglichte, sondern er gestaltete auch im Anschluss als Reichskanzler zu großen Teilen Politik und Gesellschaftliches in Deutschland. Bis heute unvergessen sind Kranken-, Altersarmut- und Unfallversicherungen, die Bismarck erstmalig den Bürgern zur Verfügung stellte, womit er letztlich den deutschen Sozialstaat aus der Taufe hob. Die ersten Reichstagswahlen wurden am 3. März 1871 abgehalten, sie erhielten ihre politische Struktur aus dem Fünfparteiensystem aus Konservativen, rechten und linken Liberalen, Katholiken und Sozialisten – eine grobe Struktur, die bis heute die Landschaft der meisten demokratischen Gesellschaften bildet. Der deutschen Wirtschaft im Übrigen ging es nach dem sogenannten Gründerkrach von 1873 (einem schwerwiegenden Einbruch der Finanzmärkte) zunächst alles andere als gut, die Entschädigungsleistungen, die man den Franzosen nach dem Krieg abgenommen hatte, waren weitestgehend aufgebraucht und in der folgenden Depression entwickelten sich in ganz Deutschland Abschottungs- und Diskriminierungstendenzen, die sich hauptsächlich in wachsender Juden- und Sozialdemokratenfeindlichkeit zeigten. Nach 1890 jedoch befand sich die deutsche Wirtschaft dann in starkem Aufschwung, man exzellierte vornehmlich in den industriellen Bereichen des Maschinenbaus, der Elektrotechnik und auch der Chemie und stand gute zwei Jahrzehnte später in Bezug auf den Anteil an der Produktion weltweit an zweiter Stelle hinter den USA. Der enorme wirtschaftliche Aufschwung führte für einen Großteil der Deutschen zu weitreichenden Veränderungen im Lebensstandard – und in der Lebensweise. Im Lichte dieser positiven und raschen Entwicklung des Landes gewann zunehmend die Idee an Gestalt, dass Deutschland sich doch auch weltpolitisch einen günstigen Platz sichern sollte, vor allem im Hinblick auf Rohstoffe und Finanzmärkte. Im Gegensatz zu Ländern wie Frankreich oder England hatte der Kolonialismus für Deutschland nie eine überragend bedeutende Rolle gespielt, auch wenn durchaus Kolonien beispielsweise in Teilen Afrikas, Chinas oder auf pazifischen Inseln existierten. Umso mehr richtete man außenpolitische Bemühungen darauf aus, sich im Kontext der Nachbarstaaten eine zuverlässige Machtposition zu sichern. Durch forderndes und bisweilen drohendes Verhalten zog Deutschland sich den Unmut der Nachbarstaaten zu, bis irgendwann mit Ausnahme von Italien und Österreich-Ungarn keine Verbündeten mehr zur Verfügung standen. Spannungen und Feindseligkeiten spitzten sich zu, Deutschland investierte vornehmlich in den Aufbau einer schlagkräftigen Flotte, die vor allem England gegenüber eine kaum verhohlene Drohung war, und die großen Staaten Europas brachten sich schrittweise für einen erneuten Krieg in Stellung. In Deutschland gelangte man zunehmend zu der Ansicht, dass ein Krieg, wenn er denn geführt werden müsse, besser früher als später geführt werden solle. Diese Meinung vertrat auch der amtierende Monarch, Kaiser Wilhelm II. Als dann am 28. Juni 1914 der österreichische Thronfolger Franz Ferdinand in Sarajevo erschossen wurde, eskalierten die innereuropäischen Spannungen: Österreich-Ungarn erklärte Serbien den Krieg, kurz danach erfolgten die deutschen Kriegserklärungen zunächst an Russland, dann an Frankreich. Bald darauf marschierten deutsche Truppen in Belgien ein, was die Kriegserklärung Großbritanniens an Deutschland nach sich zog – innerhalb weniger Tage war ein Weltkrieg entbrannt, der als „Urkatastrophe des 20. Jahrhunderts" (George Kennan) in die Geschichtsbücher eingehen sollte. Es wurde ein Krieg nie gekannter Ausmaße: Millionen Soldaten starben in den Schützengräben, verwundet von neuartiger Militärtechnologie und getötet von Giftgas, das erstmals zur Kriegsführung eingesetzt wurde. Der U-Boot-Krieg vor allem in der Nordsee führte zu immensen Verlusten und aufreibende, opferreiche Stellungskämpfe in Frankreich und Belgien brachten gigantische Totenzahlen, jedoch kaum Geländegewinn oder anderen militärischen Fortschritt. Waren zu Beginn breite Schichten der Deutschen – vor allem im bürgerlichen und akademischen Umfeld – noch voller Kriegsbegeisterung oder teilten sie zumindest die Ansicht ernsthafter und unabwendbarer Kriegsnotwendigkeit, so wandelte sich die Lage im Verlauf der Gefechte. Berichte aus Briefen deutscher Frontsoldaten trugen das Wissen um die unvorstellbaren Grausamkeiten in den Schützengräben von Verdun und an der Somme in die Teile der deutschen Bevölkerung, die zuhause geblieben waren. Die überwältigenden Zahlen Gefallener und die zunehmende Versorgungsnotlage der Zivilbevölkerung zerrten am Kriegswillen der deutschen Bevölkerung, obgleich sie bis Kriegsende von der obersten Heeresleitung unter Paul von Hindenburg und Erich Ludendorff mit positiver, optimistischer Propaganda zur Disziplin angehalten wurde. Spätestens mit dem Kriegseintritt der USA aufseiten der Gegner Deutschlands (die sogenannte Entente) im April 1917 war ein militärischer Sieg Deutschlands unmöglich geworden, doch erst Ende September 1918 informierte die Heeresleitung die Bevölkerung über das Unvermeidbare. Der Schock war groß, hatte man doch der bisherigen Propaganda folgend in weiten Teilen noch auf einen Sieg oder doch zumindest auf eine ehrenhafte Niederlage gehofft. Stattdessen endet für das Deutsche Reich der Krieg am 11. November in einem Eisenbahnwagen nahe Paris. Dort wurde ein Waffenstillstandsabkommen unterzeichnet, dem 1919 der Versailler Friedensvertrag folgte. Hierin wies man Deutschland die alleinige Kriegsschuld zu, immense Reparationszahlungen wurden verlangt, Deutschland hatte weite Gebiete abzutreten und zudem schwere Waffen und die Flotte zu übergeben. Das Gefühl der Demütigung in Deutschland war groß. Auch deshalb entwickelte sich auf Betreiben der Deutschen Heeresleitung, die ihrerseits ein ausgeprägtes Interesse daran hatte, eigenes Versagen zu vertuschen, die sogenannte Dolchstoßlegende. Im Felde – also militärisch – sei Deutschland unbesiegt geblieben, so lautete die Erzählung, das Genick gebrochen habe dem siegreichen Heer erst die vom Heimatland aus betriebene vorsätzliche Schwächung durch wahlweise Sozialdemokraten, Kommunisten oder Juden. Die Art, wie nun also der Erste Weltkrieg für Deutschland zu Ende ging, trug ganz entschieden zum Verlauf der nächsten Jahrzehnte und schließlich der Entstehung des Zweiten Weltkriegs bei. Doch zwischen den beiden Kriegen stand zunächst einmal die Weimarer Republik. Bereits kurz vor Kriegsende hatte der Kieler Matrosenaufstand, bei dem die Matrosen sich weigerten, einem letzten selbstmörderischen Auslaufbefehl zu folgen, die sogenannte Novemberrevolution ausgelöst, in deren Verlauf sich in ganz Deutschland die Menschen zu Arbeiter-, Bauern- und Soldatenräten zusammenschlossen und letztlich nichts weniger forderten als die Abschaffung der Monarchie. Was auf den ersten Blick wie eine Reaktion auf das Kriegsdesaster schien, hatte in Wahrheit weit tiefere und drängendere Ursachen: Es war schon längst kompliziert geworden, die sich rasant modernisierende Gesellschaft in Einklang zu bringen mit den verkrusteten, starren Mechanismen und Prinzipien einer traditionellen Monarchie – ein Kaiser war schlichtweg nicht mehr das dem neuen Zeitalter angemessene Staatsoberhaupt. Das Gleiche galt natürlich für die Fürsten und Könige der deutschen Bundesstaaten, die Anfang November innerhalb weniger Tage ihre Ämter lassen mussten. Der Kaiser floh ins Exil nach Holland, Reichskanzler Max von Baden trat sein Amt an den Sozialdemokraten Friedrich Ebert ab und so war es fast zwangsläufig, was am 9. November geschah: Die Ausrufung der parlamentarischen Republik durch Philipp Scheidemann und zeitgleich die Ausrufung einer sozialistischen Republik durch Karl Liebknecht. Bald wurde deutlich, dass ein Großteil der Deutschen die Errichtung einer parlamentarischen Republik anstrebte und so verabschiedete die demokratisch gewählte, verfassungsgebende Nationalversammlung am 14. August 1919 die Weimarer Verfassung, die Deutschland zu einer föderativen Republik machte. Nicht wenige Artikel dieser Verfassung entstammten dem Dokument, das seinerzeit das Paulskirchen-Parlament erarbeitet hatte, und große Teile davon haben auch deutlich später Eingang in unser heutiges Grundgesetz gefunden. Trotz dieser vielversprechenden neuerlichen Anfänge der Demokratie in Deutschland hatte die Weimarer Republik von Anfang an mit großen Schwierigkeiten zu kämpfen: Das Elend der Nachkriegszeit destabilisierte die Bevölkerung, politische Einheit zu erzielen, wurde zunehmend schwierig, der Austausch des politischen Personals aus der Kaiserzeit wurde nicht vollständig durchgeführt und schließlich raubte der Höhepunkt der Inflation im Jahre 1923 den Bürgern nicht nur ihr Erspartes, sondern auch das Zutrauen in Staat und Politik. Und über allem lag stets der Schatten der unverwundenen Schmach der deutschen Niederlage im Ersten Weltkrieg. Die viel zitierten „Goldenen Zwanziger" brachten den Deutschen dann zwar bis dahin unbekannte Vergnügungen, Kinos, Musik- und Tanzveranstaltungen erlebten einen Boom und auch das geisteswissenschaftliche Leben blühte auf, jedoch reichte dies nicht, um eine zutiefst unzufriedene und schwer gekränkte Bevölkerung dauerhaft in der neuen Demokratie zu verankern. 1925 wurde schließlich Paul von Hindenburg zum Reichspräsidenten gewählt, eben jener Mann, der unter Kaiser Wilhelm noch zur obersten Heeresleitung gehört hatte. Er berief zunächst Heinrich Brüning und später Franz von Papen zum Reichskanzler, die in den Jahren 1930-33 hauptsächlich per Notverordnung regierten, wodurch elementare demokratische Prinzipien außer Kraft gesetzt wurden. Im Parlament fanden beide kaum Zustimmung – wenn es nicht gerade ohnehin aufgelöst war – und diese anhaltende Instabilität in Verbindung mit dem der Weltwirtschaftskrise nach 1929 folgenden Elend in der Bevölkerung mit Massenarbeitslosigkeit führte dazu, dass eine neue, aufstrebende Partei namens NSDAP zunehmend an Unterstützung gewann und schließlich eine Mehrheit erringen konnte. Deren Anführer zum Reichskanzler zu ernennen, davor weigerte sich von Hindenburg zunächst, im Jahre 1933 jedoch gab er nach: Vermeintlich eingehegt von der Kontrolle durch von Papen machte er Adolf Hitler zum Reichskanzler. Mit dessen Ernennung am 30. Januar 1933 endete die Weimarer Republik und die Zeit des Nationalsozialismus begann. Die nun folgende Epoche der Geschichte ist den deutschen Bürgern mittlerweile bekannt wie keine zweite und das mit Fug und Recht: Sie brachte Europa ein zweites Mal an den Abgrund, in einer Art und Weise, wie sie die Welt bis dahin noch nicht gesehen hatte. Nach seiner Ernennung machte Hitler sich unverzüglich daran, die noch junge Demokratie nach seinem Gutdünken umzugestalten, bis kaum mehr etwas davon übrig war. Hinderliche Verfassungsteile wurden abgeändert, weitreichendere Notverordnungen durchgesetzt und das sogenannte Ermächtigungsgesetz machte Hitlers Regierung – insbesondere aber ihn selbst – praktisch unabhängig von parlamentarischen Entscheidungen. Bereits Mitte Juli 1933 gab es neben der NSDAP keine andere zugelassene Partei mehr und nach dem Tod Hindenburgs ließ Hitler sich im August 1934 vom deutschen Volk zum Führer und Reichskanzler erklären. Sämtliche Anstrengungen der Hitlerregierung konzentrierten sich dann letztlich auf ein Ziel: Deutschland binnen kürzester Zeit erneut kriegsfähig zu machen. Daran wurde auf unterschiedlichen Ebenen gearbeitet, die sowohl Wirtschaft als auch Gesellschaft und die Verfassung des Volkes im Allgemeinen betrafen. Produktion und finanzielle Organisation wurden auf Kriegsvorbereitung hin ausgerichtet, die Bevölkerung zu treuer Gefolgschaft geformt. Eine Mischung aus unerbittlicher Verfolgung von Gegnern oder Andersdenkenden, Ausmerzung von als unwert betrachtetem Leben und gezieltem Fanatismus der Bevölkerung verwandelten innerhalb weniger Jahre das gesamte Land. Verfolgung, Inhaftierung und Ermordung von Juden, Kommunisten, Sinti und Roma, Homosexuellen und weiteren als schädlich betrachteten Bevölkerungsgruppen gipfelten in der Einrichtung von Konzentrationslagern, in denen Millionen zu Tode kamen. Rassenlehre wurde zum konstituierenden Element des deutschen Volkes und die Vertreter der als überlegen angesehenen arischen Rasse wurden in Partei, Hitlerjugend, Frauenschaft und in zahlreichen weiteren NS-Organisationen auf Härte, Strenge und Disziplin getrimmt. Ein straff organisierter Propagandaapparat kümmerte sich um die vollständige Gleichschaltung der Bevölkerung und brachte sie auf eine Linie mit den Vorgaben der Partei bzw. Hitlers: Vertreibung und letztlich Auslöschung der Juden, Vorherrschaft der arischen Rasse und Erweiterung des deutschen Lebensraums nach Osten. Sämtliche Erziehungs- und Ausbildungsmaßnahmen richteten sich auf das Ziel einer kriegswilligen und -fähigen Bevölkerung, die den Absichten ihres Führers bereitwillig folgen sollte. Einige Aspekte spielten Hitler dafür in die Karten: So gelang es ihm recht bald, im Aufschwung der Wirtschaft viele Deutsche wieder in Lohn und Brot zu bringen, was sie ihm nach den Entbehrungen der Wirtschaftskrise zu danken wussten. Zudem schmerzte noch immer die Wunde des verlorenen Krieges und Hitler stellte nicht nur Besserung der Situation, sondern Vergeltung in Aussicht: Er versprach dem deutschen Volk die Rückkehr zu alter Größe und Überlegenheit. Erste Erfolge wie der Einmarsch deutscher Truppen im Rheinland, der Anschluss Österreichs und die „Zerschlagung der Rest-Tschechei" wurden vom Volk euphorisch gefeiert und heizten Kriegszuversicht und Entschlossenheit weiter an. Am 1. September 1939 begann Hitler dann mit dem Überfall auf Polen tatsächlich den Zweiten Weltkrieg, am 3. September erfolgten die Kriegserklärungen Großbritanniens und Frankreichs.

Dank des Paktes mit Stalin fühlte man sich für den Polenfeldzug dennoch gut abgesichert, im April 1940 folgte dann die Besetzung Dänemarks und Norwegens. Schon im Mai unternahm Deutschland den militärischen Vorstoß in westeuropäische Richtung und besetzte die neutralen Staaten Belgien, Niederlande und Luxemburg, um sich gegen Frankreich in eine möglichst gute Ausgangsposition zu bringen. Trotz britischer Unterstützung blieb Frankreich bald keine andere Option mehr als die Kapitulation am 22. Juni 1940. Bei den Luftgefechten um England in den Jahren 1940/41 erlebte das siegestrunkene Deutschland dann die ersten Rückschläge: Die Bombardierungen forderten unzählige Opfer und materielle Verluste, endeten aber mit einer Pattsituation – erstmals war es Hitler nicht gelungen, einem Land seinen Willen aufzuzwingen. Auch aus diesem Grund erteilte er am 18. Dezember 1940 die Anweisung zum „Unternehmen Barbarossa“, einem Vernichtungskrieg gegen Russland, bei dem völkerrechtliche Regeln der Kriegsführung keine Rolle spielen sollten. Damit begann die letzte Eskalationsstufe dieses Krieges und auch der letztlich unvermeidliche Untergang Deutschlands in dem von ihm entfesselten Inferno.

Erste Vorstöße glückten noch, hauptsächlich dank des Überraschungseffekts, im Verlauf des Feldzuges zeichnete sich jedoch zunehmend ab, wie sehr Hitler Stalins Russland unterschätzt und die Kapazitäten seines eigenen Militärs überschätzt hatte. Im eisigen russischen Winter 1942/43 erlitt Deutschland in der denkwürdigen Schlacht um Stalingrad seine wohl katastrophalste Niederlage. Zudem waren in der Zwischenzeit die USA in den Krieg eingetreten und am 6. Juni 1944 kam es zur Landung der Alliierten in der Normandie. Es folgten zähe und verlustreiche Gefechte, aber letztlich hatte Deutschland den sich langsam vorankämpfenden Truppen nichts mehr entgegenzusetzen. Ab Anfang März 1945 nahmen US-amerikanische Truppen Tag für Tag weitere deutsche Städte ein und der Krieg an der Westfront war für Deutschland endgültig verloren. Von Osten her rückte die Rote Armee vor, der Kampf um Berlin war kaum mehr ein wirklicher Kampf und am Abend des 30. Aprils 1945 nahmen die Russen das Reichstagsgebäude ein. Dieses niederschmetternde Symbol der Niederlage erlebte Hitler nicht mehr, er hatte sich bereits kurz zuvor in seinem Bunker das Leben genommen. Unvermeidbar war nun die bedingungslose Kapitulation aller deutschen Truppen, die am 8. Mai 1945 in Kraft trat, womit der Zweite Weltkrieg zumindest in Europa zu Ende war.

In den Nachkriegsjahren stand Deutschland unter Verwaltung der Alliierten und wurde in vier Besatzungszonen aufgegliedert, die jeweils Großbritannien, Frankreich, den USA und der Sowjetunion unterstanden. Es war eine bemerkenswerte Entscheidung der Siegermächte, das besiegte Deutschland nicht zu zerstören und Rache zu üben, sondern sich auf ein Vorgehen zu einigen, das den Wiederaufbau des Landes und die Rückkehr zu Wohlstand, Sicherheit und letztlicher Selbstbestimmung vorsah. Die folgenden Jahre standen unter den Prinzipien der fünf D's: Demontage, Demilitarisierung, Denazifizierung, Demokratisierung und Dezentralisierung. Die Lage der deutschen Bevölkerung unmittelbar nach Kriegsende war zunächst katastrophal: Hunger, Armut, Krankheiten und Trümmerlandschaften prägten das Leben, bis die Menschen in den 50er-Jahren schließlich die Auswirkungen des sich entwickelnden Wirtschaftswunders genossen. Dies war unter anderem dem sogenannten Marshallplan zu verdanken, im Zuge dessen die USA bereits kurz nach Kriegsende damit begannen, der deutschen Wirtschaft mit Krediten und Zuschüssen auf die Beine zu helfen. Der unvermutet schnelle und ebenso nachhaltige Aufschwung unter dem ersten Wirtschaftsminister des neuen demokratischen Deutschlands, Ludwig Erhardt, und dem ersten Bundeskanzler Konrad Adenauer erfasste die gesamte Gesellschaft und erlaubte einen nie gekannten Lebensstandard: Die Produktion stieg sprunghaft an, die Menschen kauften Autos und Haushaltsgeräte, fuhren in den Urlaub, speisten in Restaurants, besuchten Vergnügungsstätten und interessierten sich für Mode und Lifestylethemen. Schließlich holte man sogar Gastarbeiter aus Ländern wie Italien, der Türkei und Griechenland, um die boomende Industrie mit Arbeitskräften zu versorgen. Die Verwaltungsmächte Frankreich, Großbritannien und USA zogen sich schrittweise zurück und übertrugen Hoheitsrechte und Entscheidungskompetenzen wieder dem deutschen Volk. Bereits am 23. Mai 1949 wurde das Grundgesetz verabschiedet, welches bis heute Grundlage sämtlicher Gesetzgebung ist. Dies alles galt freilich nur für den westlichen Teil Deutschlands, Ostdeutschland hingegen geriet unter sowjetischer Verwaltung in das zweite totalitäre System in Folge: die DDR. Im Kommunismus lebten die Bürger der östlichen Bundesländer ein weitgehend kontrolliertes, staatlich geregeltes und einheitliches Leben, politische Freiheiten existierten nicht und der Lebensstandard – gerade im Hinblick auf Konsum – war vom Westen weit abgehängt. Zunehmende Kontrolle und Repressionen verhinderten immer zuverlässiger die Flucht aus dem Sowjetstaat. Ab dem 13. August 1961 wurde in Berlin die Mauer gebaut, Stacheldrähte durchzogen die geteilte Stadt und spätestens ab diesem Zeitpunkt war die Republikflucht ein lebensgefährliches Unterfangen – insgesamt kostete der Fluchtversuch fast tausend Menschen das Leben. Erst mit Michail Gorbatschow als sowjetischem Generalsekretär und seiner außenpolitischen Öffnung nach 1985 wurden erste Veränderungsansätze im Osten möglich, in mehreren Ländern wie Ungarn und der Tschechoslowakei formierten sich erste Protestbewegungen, die schließlich auch zu Bürgerbewegungen in der DDR führten. Im Zusammenhang mit der wirtschaftlichen Schwäche des Ostblocks und seiner Konkurrenzunfähigkeit auf dem Weltmarkt fiel es dem Sowjetregime immer schwerer, seinen absoluten Führungsanspruch durchzusetzen, und schließlich führten die Bürger der DDR in einer friedlichen Revolution die Wende herbei: Am 9. November 1989 fiel die Mauer und seit der Wiedervereinigung am 3. Oktober 1990 existiert das Deutschland, das wir heute kennen und dessen damaliger Bundeskanzler Helmut Kohl war. Seitdem ist die Geschichte Deutschlands eine Geschichte der zunehmenden Emanzipierung, das

Land ist eines der mächtigsten Mitglieder der EU (ebenfalls Gründungsmitglied) und beschäftigt sich fortwährend mit seiner Positionierung in den großen Konflikten und Fragen der Zeit. Alle Entscheidungen – insbesondere außenpolitische – werden stets auch mit Blick auf die besondere historische Verantwortung des Landes in Bezug auf die NS-Zeit getroffen und Aufklärung, Gedenken und Verantwortungsübernahme haben einen weltweit vielleicht einzigartig hohen Stellenwert in der Gesellschaft dieses mittlerweile so erfolgreichen Landes.

Basiswissen Regierungssystem

Nun sind wir angekommen in der Gegenwart dieses höchst wechselhaft entstandenen Staates. Als Nächstes gilt es, sich das nun bestehende Gebilde anzusehen. Was stellt die grundlegenden Rahmenbedingungen dar? Wie gliedert sich das System in unterschiedlichen Bereichen und auf unterschiedlichen Ebenen? Die folgenden Kapitel klären auf über das demokratische System des Landes und die Elemente seiner Gewaltenteilung – und beginnen mit dem Gesetzestext, auf dem alles Leben in Deutschland fußt.

DAS GRUNDGESETZ ALS BUNDESVERFASSUNG

Der 23. Mai 1949 ist ein denkwürdiger Tag in der deutschen Geschichte. Zwar ist er nicht so bekannt wie beispielsweise der Tag des Mauerfalls oder auch der Befreiung des KZ Auschwitz, aber seit diesem Tag stehen Recht und Gesetz in der Bundesrepublik auf verlässlichen, stabilen Füßen: Das Grundgesetz wurde verabschiedet. Unterzeichnet wird es im Parlamentarischen Rat in Bonn, das Deutschland damals noch als Hauptstadt diente. Dass eine solche Gesetzesgrundlage überhaupt erarbeitet wurde, ging auf die Initiative der drei westlichen Besatzungsmächte in Deutschland zurück. Seit Kriegsende hatten sich in den elf westlichen Bundesländern Baden-Württemberg, Bayern, Bremen, Hamburg, Hessen, Niedersachsen, Nordrhein-Westfalen, Rheinland-Pfalz, Saarland und Schleswig-Holstein sowie im westlichen Teil Berlins bereits wieder grundlegende politische Strukturen herausgebildet und die jeweiligen Ministerpräsidenten der Länder wurden nun von den westlichen Alliierten damit beauftragt, eine „verfassungsgebende Versammlung" einzuberufen. Hierbei musste bereits mit Fingerspitzengefühl vorgegangen werden, denn die innerdeutsche Lage war kompliziert: Die Abspaltung von den östlichen Bundesländern Brandenburg, Mecklenburg-Vorpommern, Sachsen, Sachsen-Anhalt und Thüringen sowie Ostberlin unter sowjetischer Besatzungskontrolle trat immer stärker zutage und die zunehmenden Spannungen im Hinblick auf unterschiedliche wirtschaftliche und ideologische Interessen verstärkten sich. Die Konstrukteure der künftigen Verfassung wollten die sich abzeichnende Spaltung keineswegs weiter befeuern und so wählte man in diplomatischer Vorsicht alternative Begrifflichkeiten. Die Ministerpräsidenten der westdeutschen Bundesländer einigten sich bei ihrer ersten Konferenz im Juli 1948 darauf, keine „Verfassung" zu erarbeiten, wie sie beispielsweise die Gesetzgebung der USA oder Frankreichs regelt, sondern stattdessen ein „Grundgesetz". Mit dieser Bezeichnung sollte hervorgehoben werden, dass es sich zunächst um ein Provisorium handelte und man langfristig auf jeden Fall einen einheitlichen, vereinigten deutschen Staat anstrebte. Ein Ausschuss aus Mitgliedern der Länderregierungen sowie einige Sachverständige versammelten sich im August für ein paar Tage auf der Insel Herrenchiemsee und berieten über die Grundzüge. Auf ihren Erkenntnissen und Ansätzen basierten dann die Beratungen der 65 Mitglieder des Parlamentarischen Rates, die schlussendlich das Grundgesetz entwarfen und dieses in der Nacht vom 23. auf den 24. Mai 1949 in Kraft setzten. Seit diesem Zeitpunkt stehen Demokratie und Rechte in Deutschland auf dem zuverlässigen Fundament des deutschen Grundgesetzes. Übrigens: Unter den 65 Mitgliedern der Versammlung waren auch vier Frauen und sie sorgten dafür, dass bereits in der ersten Fassung die Gleichheit zwischen Männern und Frauen uneingeschränkt festgesetzt wurde. Außerdem gab es mehrere Mitglieder, die bereits vor 1933 Mandate in den damaligen politischen Institutionen innegehabt hatten, einige davon waren sogar in der Weimarer Nationalversammlung gesessen. Alle Abgeordneten dieser neuen demokratischen Versammlung waren zutiefst geprägt sowohl vom tragischen Scheitern der Weimarer Republik als auch vom Horror der NS-Zeit und somit floss der unbedingte Wille, eine Wiederholung der Situation unter allen Umständen zu vermeiden, von Anfang an mit ein in die Ausgestaltung des Grundgesetzes.

Was unterscheidet nun also das Grundgesetz – abgekürzt mit GG – von einer Verfassung und wieso hat es nach wie vor Bestand? Zunächst einmal lässt sich festhalten, dass es sich rein inhaltlich um eine veritable Verfassung handelt, noch dazu um eine – wie sich im Laufe der Jahrzehnte erwiesen hat – ausgesprochen stabile. Allerdings wurde es von einem Parlament verabschiedet und nicht wie in anderen Ländern über eine Abstimmung der Bürger ratifiziert. Als 1990 die neuen Bundesländer der Bundesrepublik beitraten, wurde darüber diskutiert, ob nun eine Verfassung erarbeitet werden sollte, über die dann alle deutschen Bürger abstimmen würden, letztlich entschied man sich aber dagegen. Zum einen beschleunigte dies den Prozess der Wiedervereinigung, zum anderen hatte das Grundgesetz sich in der Zwischenzeit bewährt und notwendige Änderungen oder Zusätze konnten auch innerhalb des bestehenden Gesetzes vorgenommen werden.

Und was steht nun eigentlich drin in unserem Grundgesetz? Ganz allgemein lässt sich festhalten, dass es die Grundlage aller Gesetzgebung in Deutschland bildet. Das bedeutet, dass sämtliche Gesetze, die verabschiedet werden, mit dem Grundgesetz vereinbar sein bzw. auf den hier fest gesetzten Prinzipien aufbauen müssen. Ebenfalls legt es fest, dass die Bundesrepublik Deutschland ein freiheitlich-demokratischer und sozialer Rechtsstaat ist, sein Staatsgebiet wird genau definiert und ebenso der politische Aufbau. Das Grundgesetz regelt also nicht weniger als den Aufbau und die Funktion der gesamten Bundesrepublik. Es gliedert sich in mehrere inhaltliche Themenfelder und besteht aus insgesamt 146 Artikeln, vorangestellt ist eine einleitende Präambel. Die ersten 19 Artikel enthalten die Grundrechte, darauf folgen Artikel, die das Verhältnis und die Gestaltung von Bund und Ländern regeln, der nächste Teil bestimmt die einzelnen Verfassungsorgane, danach geht es um die Gesetzgebung, die Verwaltung, die Rechtsprechung, das Finanzwesen und schließlich um den möglichen Verteidigungsfall. Ganz zum Schluss finden sich einige Artikel mit Übergangs- und Schlussvorschriften. Einige der wichtigsten Artikel bzw. Inhalte des Grundgesetzes sollen im Folgenden vorgestellt werden. Zunächst einmal sind da die ersten 19 Artikel mit den Grundrechten. Diese Rechte werden jedem einzelnen Bürger ohne Ausnahme und Einschränkung garantiert, der Staat hat sie ihnen unveräußerlich zugesprochen und sie können bei Bedarf auch dem Staat gegenüber eingeklagt werden. Der erste Artikel ist wohl der Bekannteste und es ist ein erfreuliches Zeichen einer gesunden, funktionalen Demokratie, dass wohl jeder Deutsche mit diesem Grundsatz vertraut ist: „Die Würde des Menschen ist unantastbar.“. So einfach und gewohnt das auch klingt, so unermesslich bedeutsam und weitreichend ist diese Feststellung: Sie garantiert Achtung und Schutz dieser Würde unter allen Umständen, für jedes Individuum, in allen Situationen und gegenüber jeder Institution oder Behörde. Weiter geht es mit der Formulierung: „Sie zu achten und zu schützen ist Verpflichtung aller staatlichen Gewalt.“. Dies besagt nichts weniger, als dass alles staatliche Handeln letztlich den einen Zweck hat, eben diese Würde jedes Einzelnen zu schützen – auch, wenn vielleicht nicht bei jedem Gesetz sofort der Bezug dazu offenkundig wird. Die Erhebung dieses Prinzips zum obersten Leitprinzip aller Staatsgewalt ist unter anderem eine Lehre, die die Verfassungsgeber aus der NS-Zeit gezogen haben, in der die Würde unzähliger Menschen in Gefängnissen, Konzentrationslagern und auf den Schlachtfeldern millionenfach aufs Heftigste verletzt wurde, und sie formuliert das Selbstverständnis eines Landes, dessen Leitmotiv es ist, genau eine solche Situation niemals wieder zuzulassen. Artikel 2 garantiert nun jedem Bürger das Recht auf die freie Entfaltung seiner Persönlichkeit, solange dieses nicht die Rechte anderer Personen verletzt. Das Recht auf Leben und körperliche Unversehrtheit wird allen Individuen zugesprochen und das Recht auf Freiheit darf nur beeinträchtigt werden, wenn dafür eine gesetzliche Grundlage existiert. Staatlicher oder gerichtlicher Willkür ist somit ein fester Riegel vorgeschoben. Artikel 3 spricht dann von der Gleichheit aller vor dem Gesetz und nennt ausdrücklich die Kriterien, wegen derer kein Bürger benachteiligt werden darf: Geschlecht, Abstammung, Rasse, Sprache, Heimat, Herkunft, Glaube, religiöse und politische Ansichten oder Behinderungen. Aus diesem Grund ist es beispielsweise vorgeschrieben, dass Stellenangebote sich nicht nur an Männer richten dürfen und dass niemand bei der Jobsuche bevorzugt wird, nur weil er etwa eine helle Hautfarbe hat. Auch die Inklusion Behinderter fußt auf diesem Grundgesetzartikel. Der vierte Artikel sichert den Bürgern Glaubens- und Gewissensfreiheit zu, Artikel 5 garantiert die Freiheit von Meinung, Kunst und Wissenschaft, Artikel 6 den Schutz von Ehe, Familie und Kindern und Artikel 7 regelt das Schulwesen. Die

Versammlungsfreiheit wird den Bürgern in Artikel 8 zugesprochen, die Vereinigungs- und Koalitionsfreiheit in Artikel 9. Allerdings wird hier deutlich darauf verwiesen, dass Vereinigungen, wie beispielsweise Parteien, deren Ausrichtung der freiheitlich-demokratischen Grundordnung, der Völkerverständigung oder allgemein der Strafgesetzordnung zuwiderlaufen, illegal sind. Wenn also eine Partei verboten wird, ist die Grundlage hierfür dieser Absatz des Grundgesetzes. Artikel 10 sichert den Bürgern den Schutz des Brief-, Post- und Fernmeldegeheimnisses zu und Artikel 11 garantiert die Freiheit, Wohn- bzw. Lebensort selbst zu bestimmen. Berufsfreiheit sichert Artikel 12 zu, der gleichzeitig Zwangsarbeit verbietet. Ausgenommen hiervon sind bestimmte öffentliche Dienstleistungspflichten, so kann man als Bürger etwa zum Wahlhelfer berufen werden. Artikel 13 sichert Unverletzlichkeit des Wohnraumes zu und gibt gleichzeitig genaue Rahmenbedingungen vor, wie vorzugehen ist, wenn beispielsweise im Zuge der Strafverfolgung Wohnungen betreten oder überwacht werden müssen. In Artikel 14 werden Eigentums- und Erbrecht zugesprochen, ebenfalls wird der Fall von Enteignungen geregelt. Übrigens: Der bekannte Ausspruch „Eigentum verpflichtet" stammt aus Absatz 2 dieses Grundgesetzartikels. Artikel 15 trifft Aussagen über die Vergesellschaftung von Grund und Boden, Produktionsmitteln oder Naturschätzen und Artikel 16 regelt schließlich Staatsangehörigkeits- und Auslieferungsfragen. Jedem deutschen Staatsbürger, der ausschließlich deutscher Staatsbürger ist, ist die Staatsbürgerschaft garantiert, das heißt, ganz gleich, welcher Verbrechen er sich schuldig macht, kann ihm diese nicht entzogen werden. Auch das Anrecht auf Asyl wird in diesem Artikel festgelegt. Artikel 17 schließlich räumt jedem Bürger das Recht auf Einreichen von Petitionen ein. Die letzten beiden Artikel der Grundrechte befassen sich mit der möglichen Verwirkung von Grundrechten. Da, wie bereits erwähnt, die Grundrechte prinzipiell jedem Menschen immer zustehen, ist dieser Teil des Grundgesetzes besonders kniffelig: Artikel 18 besagt, dass derjenige, der beispielsweise das Recht auf Meinungs- oder Versammlungsfreiheit verwendet, um damit gegen die freiheitlich demokratische Grundordnung vorzugehen, diese Rechte verlieren kann. Artikel 19 regelt den Rechtsweg für solche Fälle. Ein denkbares Beispiel wäre der Missbrauch des Rechts der freien Meinungsäußerung, indem in der Presse links- oder rechtsradikale Ansichten verbreitet werden, die sich gegen die freiheitlich demokratische Ordnung des Staates richten oder volksverhetzende Inhalte haben. Auch hier sind die Umstände aber streng geregelt, sodass missliebige Meinungen keinesfalls einfach staatlicher Willkür zum Opfer fallen können.

Diese ersten 19 Artikel wurden ausführlich dargelegt, da sie der Kern unserer Rechtsordnung sind und jeden einzelnen Bürger persönlich betreffen. Im Folgenden wird nun noch auf einige weitere Inhalte eingegangen, die besondere Bedeutung haben. Dies betrifft beispielsweise gleich Artikel 20, in dem Demokratie, Bundesstaatlichkeit, Rechtsstaatlichkeit und Sozialstaatlichkeit als maßgebliche Verfassungsgrundsätze benannt werden. Auch die einzelnen Verfassungsorgane werden im Grundgesetz vorgeschrieben. Es gibt sowohl ständige Verfassungsorgane – der Bundespräsident, der Bundesrat, die Bundesregierung und das Bundesverfassungsgericht – als auch zwei solche, die nur zu bestimmten Anlässen tagen: der Gemeinsame Ausschuss als eine Art Notparlament für den Verteidigungsfall und die Bundesversammlung, die nur zusammentritt, um den Bundespräsidenten zu wählen.

Abschließend ist noch die Beantwortung einer Frage interessant: Kann das Grundgesetz geändert werden? Die Antwort lautet: Ja, kann es und wurde es bereits mehrfach. So wurde beispielsweise 1992 Artikel 23 aufgenommen, der die Beziehung Deutschlands zur EU regelt. Auch gab es weitreichende Änderungen bezüglich der Aufstellung der Bundeswehr und der Regelung eines möglichen Notstandes. Hier wird deutlich, dass das Grundgesetz eine gewisse Flexibilität aufweisen muss, da es sich schließlich an eine sich ändernde Realität anpassen muss. Die Gründung der EU konnten die Väter und Mütter des Grundgesetzes schließlich nicht vorhersehen und auch die verteidigungspolitische Situation der Gegenwart war 1949 längst nicht absehbar. Insgesamt wurden bislang 63 Änderungen vorgenommen, die rechtlichen Hürden dafür sind aber aus gutem Grund hoch: Für eine Änderung müssen zwei Drittel der Bundestags- und ebenfalls zwei Drittel der Bundesratsmitglieder stimmen, wie in Artikel 79 geregelt wird. Es gibt allerdings klare Ausnahmen und die werden in Absatz 3 formuliert: „Eine Änderung dieses Grundgesetzes, durch welche die Gliederung des Bundes in Länder, die grundsätzliche Mitwirkung der Länder bei der Gesetzgebung oder die in den Artikeln 1 und 20 niedergelegten Grundsätze berührt werden, ist unzulässig." Dieser Artikel wird auch als Ewigkeitsklausel bezeichnet – und er garantiert, dass die Würde des Menschen also wirklich und unbedingt unantastbar ist. Auch diese zusätzliche Absicherung ist eine Lehre aus der Zeit des Nationalsozialismus und soll eine erneute Situation wie Hitlers Ermächtigungsgesetz verhindern.

DIE DREI GEWALTEN: LEGISLATIVE, EXEKUTIVE UND JUDIKATIVE

Ein fundamentales Prinzip der deutschen Staatsordnung ist die Gewaltenteilung. Sie bezeichnet ganz wörtlich das, was sie auch ist, nämlich die Aufteilung der Gewalt. Ein solches Prinzip ist heute essenzielles Kennzeichen jeder wirklichen Demokratie, denn sie verhindert die Konzentration der Macht auf einen oder wenige und damit den Missbrauch der Macht. Frühere Systeme, wie beispielsweise Monarchien, kannten eine solche Aufteilung nicht. Sie hatten etwa einen König oder Kaiser, der letztlich alle Entscheidungsgewalt besaß, und selbst, wenn es andere Institutionen gab – zum Beispiel Polizei oder Gerichte –, so setzten diese schließlich nur den Willen des Herrschers um. Gesetze wurden von diesem erlassen, ihre Durchsetzung folgte ebenfalls seinem Befehl und wie ein Gesetz interpretiert werden sollte, bestimmte er genauso. Auch in der Gegenwart gibt es noch zahlreiche Länder, die das Prinzip der Gewaltenteilung entweder gar nicht kennen oder es nur unzureichend umsetzen. Und schließlich war auch in Deutschland während des Nationalsozialismus die Gewaltenteilung völlig aufgehoben, es galt das Gesetz Hitlers bzw. seines Regierungsapparates und Justiz oder Parlament waren nichts anderes als Erfüllungsgehilfen. Ihren obersten Befehlshaber stoppen konnten sie nicht und genau dagegen geht die Gewaltenteilung vor: Legislative, Exekutive und Judikative teilen die Macht im Staat untereinander auf und kontrollieren sich gegenseitig. Das wird als horizontale Gewaltenteilung bezeichnet. Die Legislative ist die gesetzgebende Macht, im Falle Deutschlands der Bundestag, dessen Abgeordnete Gesetze verabschieden – auf Landesebene sind es die Länderparlamente. Die Exekutive ist die vollziehende oder ausführende Macht, also derjenige Teil, der dafür sorgt, dass Gesetze in die Tat umgesetzt werden. Dies ist Aufgabe der Bundesregierung, die aus Bundeskanzler und Bundesministern besteht. Die dritte Macht ist die Judikative, die Gerichtsbarkeit. Ihr obliegt es, anhand der bestehenden Gesetze Recht zu sprechen, und sie besteht aus unterschiedlichen Gerichten auf Bundes- und Länderebene. Durch genaue Trennung der Aufgabenbereiche wird sichergestellt, dass niemand eine weitere Entscheidungsmacht „kapert“ und so mehrere Zuständigkeiten auf sich vereint. Von besonderer Bedeutung für jede Demokratie ist es nun, die Unabhängigkeit der Gerichte zu wahren. In Deutschland kann das höchste Gericht, das Bundesverfassungsgericht, bei Bedarf auch die Regierung stoppen, wenn sie auf eine Art Macht ausübt, die den Gesetzen zuwiderläuft. Gleichzeitig kann sie dies mit dem Bundestag tun, wenn dieser beispielsweise ein Gesetz erlassen möchte, das nicht mit dem Grundgesetz in Einklang steht. In einer parlamentarischen Republik wie Deutschland allerdings stehen sich Legislative und Exekutive nicht mehr völlig getrennt gegenüber. Das beste Beispiel ist der Bundeskanzler. Dieser ist gleichzeitig Abgeordneter und somit Teil der Legislative und Kanzler, also Teil der Exekutive. Und seine eigene Partei wird ihn selbstverständlich in erster Linie unterstützen, da sie mit ihm gemeinsam ihr Programm umsetzen möchte – unter anderem dadurch wird schließlich effizientes Regieren und politisches Handeln ermöglicht. Diese also durchaus auch erwünschte personelle Verflechtung wird als Gewaltenverschränkung bezeichnet, aber die Kontrolle fällt dadurch nicht weg: Sie ist dann Aufgabe der Opposition, also der Parteien, die nicht an der Mehrheit im Bundestag beteiligt sind. Und schon im eigenen Interesse nimmt die Opposition ihre Kontrollaufgabe sehr ernst, wie sich in jeder Parlamentsdebatte und in den begleitenden Mediendiskussionen deutlich zeigt. Die Opposition – so hinderlich sie manchmal erscheinen mag – ist also ein unverzichtbarer Faktor im Gleichgewicht einer gesunden Demokratie. Eine zusätzliche Form der Gewaltenteilung ist außerdem die Aufteilung von Zuständigkeiten zwischen Bund und Ländern, die man auch als vertikale Gewaltenteilung bezeichnet: Macht wird dezentralisiert und an mehrere Stellen abgegeben, womit zuverlässig vermieden wird, dass Einzelne zu viel Entscheidungsgewalt anhäufen können. Und schließlich gibt es noch etwas, was oft informell als vierte Gewalt im Staat bezeichnet wird: die Presse. Obgleich sie keine offiziell grundgesetzlich zugewiesene Funktion innerhalb der Gewaltenteilung hat, so sind ihr Einfluss und ihre Kontrolle doch offensichtlich: Keine Parlamentsdebatte, kein Gesetzesvorhaben, keine Äußerung eines Politikers geht an den Radarschirmen der öffentlichen Presse vorbei. Das Grundgesetz schützt ihre Unabhängigkeit, Zensur ist in Deutschland verboten und so fungiert die Presse als ernst zu nehmendes Kontrollorgan. Alles, was in politischer Hinsicht geschieht, berichtet sie dem Volk – und das Volk als oberster Herrscher in einer Demokratie kann und wird entsprechend darauf reagieren. Viele Aspekte der Klima- oder Flüchtlingsthematik der vergangenen Jahre sind gute Beispiele dafür, wie effizient und flächendeckend diese Form der Gewaltenkontrolle funktioniert.

DEUTSCHLAND ALS PARLAMENTARISCHE DEMOKRATIE

Bereits mehrfach ist nun der Begriff der „parlamentarischen Demokratie" aufgetaucht und bislang mehr oder weniger als selbsterklärend bzw. selbstverständlich vorausgesetzt worden. Allerdings gibt es hierbei durchaus Klärungsbedarf. Demokratie bezeichnet zunächst einmal genau eine Tatsache: die Herrschaft des Volkes. Alle Gewalt geht letztlich – über den Umweg unterschiedlicher Repräsentanten – vom Volk aus, das Volk entscheidet. „Parlamentarisch" besagt nun, dass das Parlament der direkt vom Volk gewählte Vertreter ist und auch die Instanz, die letztlich über Gesetze entscheidet. In Deutschland ist dies der Bundestag. Warum die genaue Begrifflichkeit überhaupt wichtig ist? Es gibt auch andere demokratische Systeme, die heute in westlichen Ländern existieren und die sich von unserer parlamentarischen Demokratie in einigen wichtigen Punkten unterscheiden. Das bedeutendste Gegenmodell ist die präsidentielle Demokratie und ihr wohl bekanntester Vertreter sind die USA. Der wesentliche Unterschied zwischen beiden Demokratieformen ist die Beziehung zwischen Kanzler bzw. Präsident und Parlament. In einer parlamentarischen Demokratie wie Deutschland wird das Parlament vom Volk gewählt und wählt dann seinerseits den Bundeskanzler. Angela Merkel wurde also nicht direkt vom deutschen Volk gewählt, sondern von den Repräsentanten, die das deutsche Volk gewählt hat – den Abgeordneten im Bundestag. Natürlich geschieht dies nicht völlig überraschend oder willkürlich: Alle Parteien präsentieren im Wahlkampf ihre jeweiligen Kanzlerkandidaten und die Partei bzw. die Koalition, die die Bundestagsmehrheit innehat, wird also ihren Kandidaten wählen – welcher eben der Kandidat ist, der vorab auch den Bürgen präsentiert wurde und für den sie sich mitentschieden haben. Eine direkte Wahl durch die Bürger erfolgt allerdings nicht. In einer präsidentiellen Demokratie wie in den USA ist dies anders, hier werden sowohl das Parlament als auch der Präsident vom Volk direkt gewählt. Die Legitimierung des Staatsoberhauptes ist also noch direkter als in einer parlamentarischen Demokratie und die Bürger haben eine konkrete Identifikationsfigur, die sie für die Politik der kommenden Legislaturperiode verantwortlich machen. Der größte Unterschied besteht jedoch darin, inwiefern das Staatsoberhaupt sich vor seinem Parlament rechtfertigen muss. In der parlamentarischen Demokratie ist die Regierung mit ihrem Staatsoberhaupt vom Vertrauen des Parlaments abhängig, das Parlament kann die Regierung abberufen – damit ist das Parlament als direkt vom Volk gewählter Vertreter verantwortlich für die Qualität der Regierung. Es ist vom Volk damit beauftragt, dessen Willen umzusetzen, und muss somit eine Regierung wählen, die genau das tut. Das Parlament ist also in besonderer Weise verpflichtet, dafür zu sorgen, dass das Volk die Regierung bekommt, die es sich wünscht, und somit ist die Regierung darauf angewiesen, sich ununterbrochen der Zustimmung des Parlaments zu versichern – ein gründliches, effektives System wechselseitiger Kontrolle. Der Präsident eines Präsidialsystems ist von seinem Parlament relativ unabhängig. Zwar muss er für Gesetzesvorhaben ebenfalls Mehrheiten im Parlament finden, absetzen kann es ihn jedoch nicht. Dies kann im Extremfall dazu führen, dass ein Präsident mit schwachem Parlament und nicht funktionierender Zivilgesellschaft viel Macht anhäuft. Allerdings ist es ebenso möglich, dass – weil dem Präsidenten Unterstützung und Mehrheit im Parlament fehlen – die Regierung weitgehend blockiert ist. Beide Varianten sind nun repräsentative Demokratien und ihnen gegenüber kann man eine weitere Form stellen: die direkte Demokratie. Hier wird auf gewählte Volksvertreter verzichtet, stattdessen wird der Wille des Volkes in Volksentscheiden oder Referenda direkt erfragt und dann von den entsprechenden Behörden umgesetzt. Das bekannteste Beispiel hierfür ist die Schweiz, obwohl man sie strenggenommen als halbdirekte Demokratie bezeichnen müsste, da sie auch über repräsentative Elemente verfügt. Die Idee hinter dieser Form der Demokratie ist es, möglichst unverfälscht den Willen des Volkes abzubilden. Insgesamt zielt man auf umfassende Diskussionen und das Anstreben von weitreichenden Kompromissen ab.

STAATSSTRUKTUR IN DEUTSCHLAND

Wie in Deutschland Macht aufgeteilt wird, ist nun bekannt – aber auch schlichte Zuständigkeiten werden aufgeteilt. Deutschland folgt dem Prinzip des Föderalismus, die Bundesrepublik besteht also aus mehreren Bundesländern, nämlich 16. Darunter gibt es aber noch einige weitere Verwaltungsebenen, in die sich die einzelnen Bundesländer untergliedern. Man kann sich das Land vorstellen wie eine Pyramide. Ganz oben steht der Bund, also die gesamte Bundesrepublik Deutschland. Eine Ebene tiefer verbreitert sich die Pyramidenspitze auf die 16 Bundesländer. 13 davon sind sogenannte Flächenländer, bei dreien hingegen handelt es sich um Stadtstaaten: Berlin, Bremen und Hamburg. Sie sind gleichzeitig Stadt und Bundesland, das Bundesland besteht also nur aus der Stadt und dem direkten Umland, im Falle Bremens werden die beiden Stadtgebiete Bremen und Bremerhaven umfasst. Sie alle haben eigene Regierungen, nämlich die jeweilige Landesregierung. Das Pendant zum Bundestag auf Bundesebene ist der

Landtag, in dem ebenfalls gewählte Abgeordnete sitzen. Was die Unterteilung in weitere Verwaltungsebenen angeht, ist bei den Stadtstaaten hier Schluss. Ganz anders bei den Flächenstaaten: Diese teilen sich erneut auf, und zwar zunächst in Regierungsbezirke. Die gibt es allerdings nicht in jedem Bundesland, so haben Rheinland-Pfalz, Sachsen-Anhalt, Niedersachsen und Sachsen ihre Regierungsbezirke abgeschafft, Brandenburg, Mecklenburg-Vorpommern und Thüringen haben bei ihrem Beitritt zur Bundesrepublik darauf verzichtet, Regierungsbezirke einzurichten, und die Länder Schleswig-Holstein und Saarland hatten nie welche. In den übrigen Ländern gibt es unterschiedlich viele davon, zahlenmäßiger Spitzenreiter ist Bayern mit sieben Regierungsbezirken, das Schlusslicht bildet Hessen mit drei. Regiert werden sie von einer Bezirksregierung unter Leitung des Regierungspräsidenten. Die nächste Ebene bilden die Landkreise bzw. die Kreise, die sich wiederum in allen Flächenländern finden, unabhängig davon, ob diese Regierungsbezirke bilden oder nicht. Ihre politische Leitung obliegt dem jeweiligen Kreistag unter Leitung des Landrats. Daneben gibt es einige sogenannte kreisfreie Städte, die keinem Landkreis angehören und mit bestimmten Sonderrechten ausgestattet sind. Beispiele hierfür sind etwa München, Rostock oder Schwerin. Unterhalb der Kreise verbreitert sich die Pyramide erneut mit den Gemeindeverbänden und Gemeinden. Hierbei gibt es sowohl die Möglichkeit, dass ein Kreis sich in Gemeindeverbände aufteilt, die wiederum aus zusammengeschlossenen Gemeinden bestehen, oder dass die nächste Ebene direkt aus einzelnen Gemeinden besteht. Sie sind die kleinsten Verwaltungseinheiten in Deutschland und werden auch als Kommunen bezeichnet. Auf Kommunalebene kennt man die Einheiten Stadt, Markt, Flecken oder Gemeinde. Darüber hinaus gibt es noch kleinere Unterteilungen, wie z.B. Weiler oder Dörfer, die aber keinen offiziellen Status haben. Auf kommunaler Ebene wird die Bevölkerung politisch von Stadt- oder Gemeinderäten vertreten.

Diese fächerförmige und zunehmend kleinteilige Aufspaltung von Zuständigkeiten hat gute Gründe: So gibt es einerseits große und umfassende politische Entscheidungen, die auf oberster Ebene getroffen werden müssen und für die Bevölkerung der gesamten Bundesrepublik gelten. Allerdings gibt es genauso Angelegenheiten, die sich besser auf Landesebene regeln lassen, schon allein aus dem Grund, dass die einzelnen Bundesländer in vielerlei Hinsicht sehr unterschiedlich sind. Was für ein Land wie Bayern mit Alpenregion und österreichischen Nachbarn von Bedeutung ist, gilt nicht unbedingt für das flache Nordseeküstenland Niedersachsen. Und auch die Kommunalebene hat ihre Berechtigung: Es ist zum Beispiel nicht anzunehmen, dass der Bundestag in Berlin sich mit der Einrichtung eines neuen Spielplatzes in Mühldorf am Inn, Oberbayern, befassen wird. Solche Entscheidungen sind auf Gemeindeebene viel besser aufgehoben – zum einen, weil für die zahlreichen Anliegen jeder deutschen Kleinstadt im Bundestag keine Zeit ist, zum anderen, weil die Politiker vor Ort weitaus besser wissen, was für ihre Gemeinde richtig und wichtig ist.

Politische Akteure auf Bundesebene

Über den allgemeinen politischen Aufbau der Bundesrepublik und ihre gesetzliche Grundlage sind Sie nun informiert und als Nächstes stellt sich die Frage: Wer kümmert sich nun um all das? Wer übernimmt welche Aufgaben und wie wird er dazu berechtigt? In gesamtdeutscher Hinsicht ist hier vor allem das Personal auf Bundesebene entscheidend. In den nächsten Kapiteln wird es um die großen Akteure der deutschen Politik gehen und Sie erfahren, welche Aufgaben beispielsweise der Bundestag und der Bundespräsident übernehmen und wie diese ihre Arbeit tun.

DER BUNDESPRÄSIDENT

Unser derzeitiges Staatsoberhaupt ist der frühere SPD-Außenminister Frank-Walter Steinmeier. Das klingt für viele – vor allem im Ausland – oftmals zunächst überraschend, geht man doch im Allgemeinen davon aus, dass Angela Merkel an der Spitze des Landes steht. Rein protokollarisch ist dies allerdings nicht zutreffend. Das offizielle Oberhaupt der Bundesrepublik Deutschland ist der Bundespräsident, aber im politischen Betrieb ist seine Macht sehr begrenzt. Das Grundgesetz hat ihm vor allem repräsentative Wirkung zugewiesen, was bedeutet, dass er Deutschland im Ausland vertritt und GG Artikel 59 zufolge Verträge mit anderen Staaten abschließt. Auch die Funktion einer Art moralischen Kompasses wird ihm zugeschrieben, er steht außerhalb der Gesetzgebung und kann und soll infolgedessen grundlegende Leitideen zur politischen und gesellschaftlichen Gestaltung Deutschlands beitragen. Über tatsächliche Entscheidungsmacht verfügt er allerdings nicht und dies wurde von den Architekten des Grundgesetzes bewusst so gestaltet: Zu deutlich stand ihnen noch die umfassende Machtfülle des Reichspräsidenten der Weimarer Republik vor Augen, der mit Notverordnungen regieren und Grundrechte außer Kraft setzen konnte – was, wie bekannt ist, zum Ende der Weimarer Republik in fataler Weise geschehen ist. Gewählt wird er von der Bundesversammlung, die, wie bereits im Kapitel über das Grundgesetz erwähnt wurde, nur existiert, um genau das zu tun. Sie besteht zu gleichen Teilen aus Abgeordneten des Bundestages und aus Vertretern, die von den einzelnen Landesparlamenten entsendet werden. Das Amt kann im Übrigen jeder Deutsche übernehmen, der mindestens 40 Jahre alt ist, die Amtsperiode dauert fünf Jahre. Was sind nun aber seine tatsächlichen Aufgaben? Wie bereits erwähnt, sind diese in erster Linie repräsentativer Natur. Sein erster Amtssitz ist Schloss Bellevue, der prächtige klassizistische Bau in Berlin Tiergarten. Hier empfängt er ausländische Staatsgäste und vertritt bei verschiedensten Anlässen die Bundesrepublik. Innerhalb dieser Vertretung hat er einige ganz konkrete Aufgaben: Er unterzeichnet die Gesetze, die der Bundestag ausarbeitet, und setzt sie dadurch in Kraft, er empfängt ausländische Diplomaten, ist für die völkerrechtliche Anerkennung anderer Staaten zuständig, hat das Recht zur Begnadigung und ernennt eine Reihe politischer Amtsträger wie z. B. den Bundeskanzler, die

Bundesminister und die Bundesrichter. Man muss allerdings auf die genaue Formulierung Wert legen: Er unterzeichnet zwar Gesetze, sie entwerfen oder darüber entscheiden darf er allerdings nicht. Die gesetzgeberische Kompetenz liegt in den Händen des Bundestages, der Bundespräsident hat nur die theoretische Möglichkeit, die Unterzeichnung zu verweigern, wenn er beispielsweise annimmt, dass ein Gesetz nicht verfassungsgemäß wäre. Dies kommt allerdings nur äußerst selten vor. Auch für die ernannten Amtsträger gilt: Er ernennt sie formell, aber er wählt sie nicht aus. Da er also de facto über keine Entscheidungsgewalt verfügt und gewissermaßen eine Art Zierelement ist, wird immer wieder die Frage aufgeworfen, warum man sich in Deutschland ein solches Amt überhaupt leistet. Die Begründung dafür liegt in der moralischen Weichenstellung, die man sich von ihm erhofft. Anders als Bundeskanzler oder Minister, die direkt in die politischen Entscheidungen und auch in ihre Parteipolitik eingebunden sind, kann der Bundespräsident sich sozusagen einen weiten und umfassenden Blick „von außen" auf Deutschland und auf seine innen- und außenpolitische Situation erlauben. Dies wird unter anderem durch seine Parteineutralität gewährleistet – sollte der Präsident Mitglied einer Partei sein, lässt er diese Mitgliedschaft währenddessen ruhen oder tritt aus. Seine Macht liegt in der Kraft der Worte, in seinen Reden kann er Akzente setzen und neue Schwerpunkte anregen, wie es beispielsweise Roman Herzog 1997 tat, als er in seiner „Ruck-Rede" mehr Reformbereitschaft anmahnte, und ebenso Joachim Gauck, der erstmals öffentlichkeitswirksam forderte, dass Deutschland sich außenpolitisch entschiedener und substantieller einbringen müsse. Ein interessanter und wichtiger Aspekt zum Schluss: Im Krisenfall kommen dem Bundespräsidenten politische Leitentscheidungen zu. Nach einer gescheiterten Vertrauensfrage des amtierenden Kanzlers kann er beispielsweise den Bundestag auflösen, um Neuwahlen zu initiieren, und er kann ebenfalls den Gesetzgebungsnotstand ausrufen. Dieser ist aber streng begrenzt und in Deutschland bislang niemals eingetreten.

DER BUNDESKANZLER

Der Bundeskanzler ist nun das Oberhaupt der Bundesregierung. Unsere derzeitige Regierungschefin ist die CDU-Politikerin Angela Merkel, die dieses Amt seit 2005 innehat. Mit ihrer Wahl waren zwei Premieren im Kanzleramt verbunden: Erstmals steht ein Politiker aus der ehemaligen DDR an der Spitze der Regierung und erstmals ist dieser eine Frau. Seit nunmehr 15 Jahren gibt Angela Merkel die Richtlinien der deutschen Politik vor, was laut Artikel 65 des Grundgesetzes die definierende Aufgabe des Bundeskanzlers ist. Wie bereits erläutert, wählt das deutsche Volk seinen Kanzler nicht direkt. Das ist Aufgabe des Bundestages, vorgeschlagen wird der jeweilige Kandidat vom Bundespräsidenten. Allerdings würden viele Deutsche wohl sagen, dass sie Angela Merkel gewählt haben oder eben auch nicht und letztlich ist das zutreffend: Die Parteien ziehen jeweils mit einem Spitzenkandidaten oder Kanzlerkandidaten in den Wahlkampf, der den Bürgern vorgestellt wird, und die Partei, die dann in den Bundestagswahlen die Mehrheit erlangt, stellt üblicherweise den Kanzler. Der Bundespräsident schlägt diesen Kandidaten vor und der Bundestag wählt ihn – in der Regel eine Formsache, da man sich zuvor in den Koalitionsverhandlungen bereits eine Mehrheit gesichert hat. Auch die anschließende offizielle Ernennung des Kanzlers durch den Präsidenten erfolgt hauptsächlich fürs Protokoll. Kanzler werden kann übrigens jeder, der mindestens 18 Jahre alt ist und die deutsche Staatsbürgerschaft besitzt. Ein Mandat im Bundestag ist dafür nicht unbedingt nötig und die Legislaturperiode beträgt vier Jahre. Gewählt werden muss er mit absoluter Mehrheit, das heißt, mit der Hälfte aller Stimmen + einer. Erbringt die erste Wahlphase keine absolute

Mehrheit, so kann der Bundestag binnen 14 Tagen einen anderen Kandidaten erwählen, ebenfalls mit absoluter Mehrheit. Sollte dies nicht gelingen, muss in der dritten Wahlphase unverzüglich erneut abgestimmt werden – dann ist eine relative Mehrheit ausreichend. Und was sind nun die konkreten Aufgaben des Kanzlers? Wie bereits gesagt, gibt er die Leitlinien der Politik vor – einzelne Entscheidungen muss er aber natürlich trotzdem von der Parlamentsmehrheit absegnen lassen. Darüber hinaus hat der Kanzler das Recht, das Bundeskabinett zu bilden, das heißt, Minister für seine Regierung zu wählen. Er leitet die Geschäfte der Bundesregierung und trägt gegenüber dem Bundestag die Regierungsverantwortung. Mehrere Behörden sind dem Kanzler direkt unterstellt: das Bundeskanzleramt, das Presse- und Informationsamt der Bundesregierung und der Beauftragte für die Nachrichtendienste. Sollte in Deutschland einmal der Verteidigungsfall bestehen, werden dem Kanzler noch weitreichendere Kompetenzen zugesprochen: die Befehls- und Kommandogewalt über die Streitkräfte.

Ausgestattet mit solch umfangreicher Machtfülle darf der Kanzler natürlich nicht unantastbar sein: Aus genau diesem Grund sieht die repräsentative Demokratie vor, dass der Bundestag den Kanzler durch ein sogenanntes konstruktives Misstrauensvotum stürzen kann. Dieser Versuch wurde in der Geschichte der Bundesrepublik bislang zweimal unternommen, einmal davon erfolgreich: Gestürzt wurde 1982 Helmut Schmidt von der SPD, dafür kam Helmut Kohl aus der CDU an die Macht.

Übrigens: Im Gegensatz zu beispielsweise den USA, wo die Präsidentschaft auf zwei Legislaturperioden beschränkt ist, kann man in Deutschland unbegrenzt oft wieder zum Kanzler gewählt werden. Spitzenreiter ist bislang Helmut Kohl mit stattlichen 16 Jahren Regierungsleitung.

LEGISLATIVE AUF BUNDESEBENE: BUNDESTAG UND BUNDESRAT

Nach den beiden herausragenden Einzelpositionen des Präsidenten und des Kanzlers geht es nun um diejenigen, die auf Bundesebene für die Gesetzgebung verantwortlich sind, also die Legislative. In Deutschland sind dies der Bundestag und der Bundesrat. Der Bundestag ist das einzige Gremium auf Bundesebene, dessen Mitglieder direkt vom Volk gewählt werden, und zwar in der alle vier Jahre stattfindenden Bundestagswahl. Er sitzt im wohl bekanntesten Regierungsgebäude Deutschlands, dem Reichstagsgebäude mit seiner imposanten Glaskuppel in Berlin. Hier versammeln sich die Abgeordneten verschiedener Parteien, die im Parlament nach Fraktionen geordnet zusammensitzen. Sie sind die direkten Vertreter des Volkes und letztlich nur ihrem Gewissen verpflichtet – also im Idealfall dem Willen der Wähler. Im aktuellen Bundestag – dem 19. – gibt es 709 Abgeordnete, 6 davon sind fraktionslos. Alle zusammen erfüllen mit die wichtigsten Aufgaben auf Bundesebene: Sie verabschieden Gesetze, die für ganz Deutschland gelten, wählen den Bundeskanzler und sind auch an der Ernennung weiterer bedeutender Amtsinhaber beteiligt, wie z. B. der Richter des Bundesverfassungsgerichts und der obersten Bundesgerichtshöfe sowie des Präsidenten und Vizepräsidenten des Bundesrechnungshofs. Ebenso beschließen sie den Bundeshaushalt – sie legen also fest, wie viel Geld wofür zur Verfügung steht – und können Untersuchungsausschüsse einrichten, wenn Missstände vermutet werden und aufgeklärt werden sollen. Sie kamen beispielsweise bei der Aufklärung der NSA-Affäre und des Abgasskandals zum Einsatz. Zudem kontrolliert der Bundestag durch sogenannte Anfragen die Bundesregierung, ebenso die Arbeit der Nachrichtendienste. Und schließlich gibt es ohne Zustimmung des Bundestags keinen Einsatz der Bundeswehr im Ausland. Geleitet wird der Bundestag vom Bundestagspräsidenten. Dieser bekleidet offiziell nach dem Bundespräsidenten das zweithöchste Amt im Staat und seine Aufgabe besteht im Großen und Ganzen darin, die Rechte des Parlaments zu wahren und dessen Arbeit zu strukturieren. Er eröffnet und schließt Sitzungen, erteilt Rednern das Wort, sorgt für Ordnung und kann im Extremfall sogar Abgeordnete von den Sitzungen ausschließen. Die Sitzungen des Bundestags sind im Übrigen grundsätzlich öffentlich: Jeder interessierte Bürger kann also mit eigenen Augen und Ohren verfolgen, was seine Regierung tut. Nur auf Antrag kann in besonderen Fällen die Öffentlichkeit ausgeschlossen werden. Beschlussfähig ist der Bundestag, wenn mehr als die Hälfte seiner Mitglieder im Plenarsaal anwesend sind, und Abgeordneter kann jeder werden, der mindestens 18 Jahre alt ist und die deutsche Staatsbürgerschaft besitzt.

Die Hauptaufgabe des Bundestags ist nun die Gesetzgebung, allerdings erfüllt er diese Aufgabe nicht allein, sondern in Zusammenarbeit mit dem Bundesrat. Dieses Gremium vertritt nun die Interessen der einzelnen Bundesländer im Gesetzgebungsprozess. Im Gegensatz zum Bundestag werden seine Mitglieder nicht direkt vom Volk gewählt, sondern von den Regierungen der einzelnen Länder ernannt. Da aber natürlich diese Länderparlamente sehr wohl vom Volk gewählt werden, sind auch die Bundesratsmitglieder letztlich vom Volk legitimiert. Artikel 51 des Grundgesetzes regelt die Zusammensetzung des Bundesrats. Jedes Land hat mindestens drei Stimmen, also drei vertretende Mitglieder im Bundesrat, und je nach Bevölkerungszahl gibt es zusätzliche Stimmen. Auf diese Weise wird sichergestellt, dass Mehrheiten auch möglichst korrekt abgebildet werden – schließlich wäre es ungerecht, wenn beispielsweise ein Land wie das Saarland mit ca. 1 Mio. Einwohnern so viel Stimmrecht besäße wie etwa Bayern, das die Interessen von ca. 13 Mio. Einwohnern vertritt. Deshalb haben Länder mit mehr als zwei Millionen Einwohnern vier, Länder mit mehr als sechs Millionen Einwohnern fünf und Länder mit mehr als sieben

Millionen Einwohnern sechs Stimmen, insgesamt ergibt dies derzeit 69 Bundesratsmitglieder. Für diese besteht keine festgelegte Legislaturperiode, die Mitglieder werden nach den entsprechenden Landtagswahlen fortlaufend ausgetauscht. Im Bundesrat sitzen kann im Übrigen nur, wer Abgeordneter eines Landesparlaments ist. Den Vorsitz hat der Bundesratspräsident, der jedes Jahr am 1. November aus dem Kreis der aktuellen Ministerpräsidenten gewählt wird. Die Aufgaben des Bundesrats sind klar umrissen: Er wirkt an der Gesetzgebung mit und ist außerdem mit der sogenannten Europakammer an den EU-Angelegenheiten Deutschlands beteiligt.

Gemeinsam verabschieden Bundestag und Bundesrat nun Gesetze. Dies folgt einem klar vorgegebenen, recht komplexen Prozess – doch zunächst einmal stellt sich vielen Bürgern die Frage, was genau mit Gesetzen eigentlich gemeint ist. Alles, was die Regierung tut, wird durch Gesetze umgesetzt – wenn ein neuer Flughafen gebaut werden soll, wird dies per Gesetz beschlossen und wenn beispielsweise ein Nationalpark eingerichtet werden soll, wird dies ebenfalls durch ein Gesetz veranlasst. Vorschläge für Gesetze können von Abgeordneten, vom Bundesrat oder von der Bundesregierung kommen. Anschließend wird im jeweils zuständigen Ministerium eine erste Ausfertigung des Gesetzesentwurfs in Auftrag gegeben. Wenn es sich zum Beispiel um ein neues Steuergesetz handelt, wird sich das Bundesministerium für Finanzen darum kümmern, soll es etwa um Änderungen im Aufbau der Bundeswehr gehen, nimmt das Ministerium der Verteidigung die Sache in die Hand. So wird also jedes Gesetz zunächst von Fachleuten der entsprechenden Richtung ausgearbeitet. Der Entwurf wird dem jeweiligen Minister vorgelegt, der ihn prüft und anschließend der Bundesregierung präsentiert. Sind alle einverstanden, geht der Entwurf an den Bundesrat und danach mit einer Stellungnahme an den Bundestag. Dann wird es umständlich: Der Bundestag diskutiert den Entwurf in der 1. Lesung und leitet ihn dann weiter an den zuständigen

Ausschuss. Ausschüsse sind sozusagen Fachgremien, die besondere Expertise in ihrem jeweiligen Bereich haben und auch externe Fachleute zur Beratung heranziehen können. Sie setzen sich parteienproportional aus Bundestagsabgeordneten zusammen. Für jedes Ministerium gibt es in der Regel einen entsprechenden Ausschuss, der Bundestag kann aber auch noch zusätzliche Ausschüsse einrichten, wenn sich dies bei speziellen Themenfeldern anbietet. Dort wird der Gesetzesentwurf detailliert besprochen und wenn nötig bearbeitet, dann geht er zurück ans Plenum des Bundestages. In der 2. Lesung wird erneut diskutiert. Sollten Schwierigkeiten auftauchen, kann der Gesetzesentwurf noch einmal dem Fachausschuss übergeben werden und falls Expertise aus einem anderen Gebiet gefragt ist, kann auch ein anderer Ausschuss zur Beratung herangezogen werden. In der 3. Lesung wird dann im Bundestag endgültig über das Gesetz entschieden. In der Regel wird der Gesetzesvorschlag letztlich angenommen, denn: Die Parlamentsmehrheit steht ja schließlich prinzipiell hinter der Regierung. Anschließend geht das Gesetz an den Bundesrat, der zustimmen muss. Hier kann es zu Komplikationen kommen: Wenn die Oppositionsparteien, die im Bundestag ja in der Minderheit sind, in den Landesparlamenten eine Mehrheit haben, haben sie diese Mehrheit auch im Bundesrat – und dieser könnte dem Gesetz also widersprechen. Bei einfachen Gesetzen kann der Bundestag das Veto des Bundesrats jedoch übergehen, somit verzögert sich der ganze Prozess lediglich etwas. Anders ist dies bei Gesetzen, die das Grundgesetz für zustimmungspflichtig erklärt: Wenn hier der Bundesrat nach Kompromissvorschlägen und Beratungen immer noch nicht zustimmt, ist der Gesetzesentwurf gescheitert. Dies gilt für Gesetze, mit denen das Grundgesetz selbst geändert werden soll, oder aber für Gesetze, die die Finanzen oder die Organisationsstruktur der Bundesländer betreffen.

Wird ein Gesetz schließlich von Bundestag und Bundesrat abgesegnet, übergibt die Regierung es dem Bundespräsidenten, der es unterschreiben und anschließend im Bundesgesetzblatt verkünden muss. Erst dann ist es wirklich in Kraft getreten. Die folgende Grafik stellt den beschriebenen Gesetzgebungsprozess noch einmal detailliert dar:

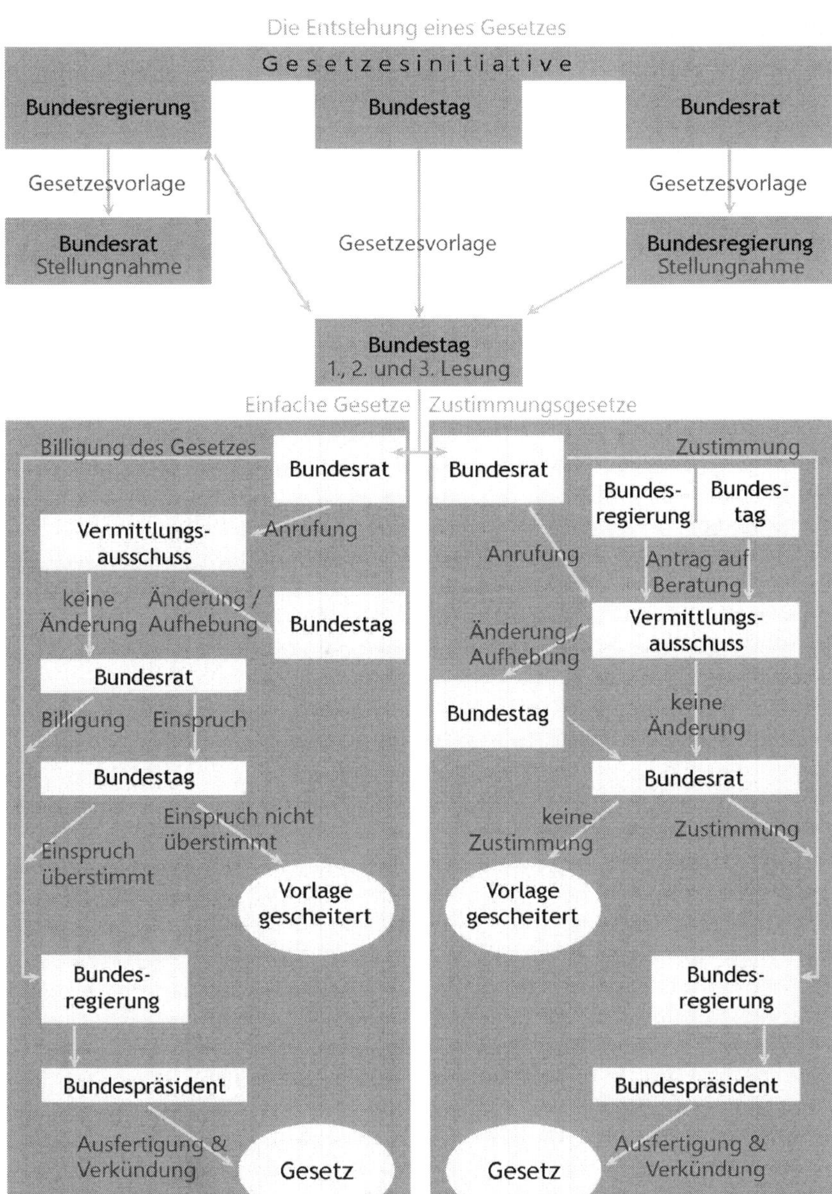

Der komplexe und bisweilen mühsame Prozess der Gesetzgebung mag auf den ersten Blick hinderlich wirken und tatsächlich nimmt er oft viel Zeit in Anspruch. Allerdings ist dadurch sichergestellt, dass letztlich alle, die von dem jeweiligen Gesetz betroffen werden, Gehör und Beachtung finden. Zudem wird auch durch diese Vorgehensweise einmal mehr verhindert, dass Einzelne zu viel Entscheidungsgewalt haben und diese theoretisch missbrauchen könnten. Allerdings gibt es auch Ausnahmen von diesem streng regulierten Vorgehen – diese werden durch die sogenannten Notstandsgesetze geregelt. Kommt es in Deutschland zum Spannungs-, Verteidigungs- oder Katastrophenfall oder zu einem sogenannten inneren Notstand, kümmert sich eine Art Notparlament – der Gemeinsame Ausschuss – um die Gesetzgebung. Dieses Gremium besteht zu zwei Dritteln aus Bundestagsabgeordneten und zu einem Drittel aus Mitgliedern des Bundesrates. Das Gesetzgebungsverfahren wird so deutlich vereinfacht und beschleunigt, ganz einfach, weil es im Notfall oftmals darauf ankommt, keine Zeit zu verlieren. Alle so verabschiedeten Gesetze gelten aber höchstens sechs Monate lang und in das Grundgesetz dürfen sie nicht eingreifen. Ein Ausnahmezustand, der die Gewaltenteilung aufhebt, ist in Deutschland nicht vorgesehen, ganz gleich, wie katastrophal eine Situation auch sein mag – und es gibt noch einen letzten Schutz für die Demokratie: Wenn Rechtsstaat und Grundgesetz akut gefährdet sind, steht den Bürgern als letztes Mittel der Widerstand zu, um die bestehende politische Ordnung zu schützen. Dieses Recht garantiert ihnen Artikel 20 des Grundgesetzes.

EXEKUTIVE AUF BUNDESEBENE: BUNDESREGIERUNG & -MINISTERIEN

Wie Gesetze verabschiedet werden, ist nun bekannt, nun folgt die Frage, wie diese Gesetze in die Tat umgesetzt werden. Dafür ist die Exekutive verantwortlich, die ausführende Gewalt. In Deutschland setzt sie sich zusammen aus der Bundesregierung und sämtlichen Behörden des Bundes, der Länder und der Gemeinden; dazu gehören beispielsweise Landesverwaltungen, Staatsanwaltschaft, Polizei und Finanzämter. Um die beschlossenen Gesetze tatsächlich auszuführen, kann die Exekutive sogenannte Rechtsverordnungen erlassen, welche aus den Gesetzen abgeleitet und diesen immer untergeordnet sind. Das heißt, an den Gesetzen etwas ändern oder neue Gesetze ins Leben rufen kann die Exekutive nicht – das kann nur die Legislative. Die Rechtsverordnungen dienen dazu, aus den Gesetzen sozusagen konkret umsetzbare Verhaltensanweisungen abzuleiten, mit denen die entsprechenden Behörden und Beamten die Gesetze dann ausführen können. Ein gutes Beispiel für diesen Vorgang lässt sich im derzeitigen politischen Handeln bezüglich der Corona-Krise finden, zur Erklärung wird hier die **„Verordnung der Landesregierung über infektionsschützende Maßnahmen gegen die Ausbreitung des Virus SARS Cov-2 (Corona-Verordnung – CoronaVO)" in Baden-Württemberg herangezogen. Diese Verordnung regelt nun genau, was Menschen tun und nicht tun dürfen, was mit Einrichtungen wie Schulen und Kindergärten geschieht, wie Unternehmen finanziell unterstützt werden und einiges mehr. Dies ist aber kein Gesetz. Die Gesetze, auf denen diese Verordnung basiert, finden sich in § 28, § 31 und § 32 des Infektionsschutzgesetzes. In § 28 liest man zum Beispiel auszugsweise folgenden Gesetzestext:** „Unter den Voraussetzungen von Satz 1 kann die zuständige Behörde Veranstaltungen oder sonstige Ansammlungen einer größeren Anzahl von Menschen beschränken oder verbieten und Badeanstalten oder in § 33 genannte Gemeinschaftseinrichtungen oder Teile davon schließen; sie kann auch Personen verpflichten, den Ort, an dem sie sich befinden, nicht zu verlassen oder von ihr bestimmte Orte nicht zu betreten, bis die notwendigen Schutzmaßnahmen durchgeführt worden sind.". Eine konkrete Handlungsanweisung findet sich hier nicht. Es steht nicht darin, dass Kindergärten geschlossen werden und auch nicht, dass Menschen einen Mindestabstand von 1,5 Metern voneinander halten sollen. Solche konkreten Anweisungen sind aber nötig, damit die jeweils beauftragten Exekutivkräfte dieses Gesetz verwirklichen können, und aus genau diesem Grund werden Gesetzesverordnungen erlassen. Wichtig ist, dass alles, was in einer Verordnung steht, sich aus dem Gesetz ableiten lassen muss und deshalb muss auch in jeder Verordnung genau angegeben werden, aus welchen Gesetzen sie ihre Legitimität bezieht. Nach diesem Prinzip funktioniert letztlich jede Gesetzesanwendung.

Auf Bundesebene bildet die Bundesregierung die Exekutive. Sie besteht aus dem Bundeskanzler und den Bundesministern, den jeweiligen Leitern der Bundesministerien. Die Ministerien decken jeweils einen Fachbereich ab und werden Artikel 65 des Grundgesetzes zufolge von den Ministern selbstständig und eigenverantwortlich geleitet. Allerdings tun sie dies entsprechend der vom Kanzler festgelegten politischen Leitlinien. Wenn also ein Kanzler beispielsweise einen Schwerpunkt auf den Ausbau erneuerbarer Energien legen möchte, so hat sein Umweltminister zwar selbstständig, aber entsprechend dieser Richtlinie zu arbeiten. Die Regierung wird auch als Bundeskabinett bezeichnet, das derzeit aus 16 Mitgliedern besteht. Prinzipiell liegt es im Ermessen des jeweiligen Kanzlers, für welche Bereiche er ein Ministerium einrichten möchte, drei davon werden im Grundgesetz jedoch vorgeschrieben: das Justizministerium, das Finanzministerium und das Verteidigungsministerium. Derzeit bestehen 15 Ministerien, die im Folgenden mit ihren jeweiligen Ministern und deren Parteizugehörigkeit aufgelistet werden:

Bundesministerium der Finanzen: Olaf Scholz, SPD
Bundesministerium des Inneren, für Bau und Heimat: Horst Seehofer, CSU

Auswärtiges Amt: Heiko Maas, SPD
Bundesministerium für Wirtschaft und Energie: Peter Altmaier, CDU
Bundesministerium der Justiz und für Verbraucherschutz: Christine Lambrecht, SPD
Bundesministerium für Arbeit und Soziales: Hubertus Heil, SPD
Bundesministerium für Verteidigung: Annegret Kramp-Karrenbauer, CDU
Bundesministerium für Ernährung und Landwirtschaft: Julia Klöckner, CDU
Bundesministerium für Familie, Senioren, Frauen und Jugend: Dr. Franziska Giffey, SPD
Bundesministerium für Gesundheit: Jens Spahn, CDU
Bundesministerium für Verkehr und digitale Infrastruktur: Andreas Scheuer, CDU
Bundesministerium für Umwelt, Naturschutz und nukleare Sicherheit: Svenja Schulze, SPD
Bundesministerium für Bildung und Forschung: Anja Karliczek, CDU
Bundesministerium für wirtschaftliche Zusammenarbeit und Entwicklung: Gerd Müller, CDU

Die Bundesminister sind jeweils für ihr spezifisches Fachgebiet verantwortlich, die Aufgabe ihres Ministeriums besteht hauptsächlich darin, den Minister bei seiner Arbeit zu unterstützen. Dieser hat politische Aufträge gegenüber dem Bundestag – wie bereits beim Gesetzgebungsprozess dargelegt – und ist außerdem für die Aufsicht der dem Ministerium nachgeordneten Behörden zuständig. Solche Behörden sind beispielsweise für das Gesundheitsministerium das derzeit hochgefragte Robert-Koch-Institut oder auch die Bundeszentrale für gesundheitliche Aufklärung (BZgA).

Bleibt noch die Frage zu klären, wie die Kabinettsmitglieder an ihre Posten kommen. Sie werden nicht gewählt, sondern ernannt. Die offizielle Ernennung wird vom Bundespräsidenten vorgenommen, jedoch hat der Kanzler sie ihm vorgeschlagen und sein Vorschlag ist bindend. Allerdings sucht sich auch der Kanzler nicht willkürlich irgendwelche Minister aus, die ihm gefallen würden, sondern die Verteilung der Ministerposten wird in den Koalitionsverhandlungen besprochen. Minister müssen übrigens nicht unbedingt Bundestagsabgeordnete sein, meistens ist dies aber der Fall. Es gibt für sie keine festgelegte Amtszeit, manchmal werden innerhalb einer Bundestagslegislaturperiode Wechsel vorgenommen, sobald jedoch ein neuer Kanzler an der Macht ist, werden in der Regel auch die Ministerposten neu verteilt. Das derzeit 16-köpfige Kabinett tagt jeden Mittwoch und bespricht die aktuellen Regierungsanliegen. Für die Regierungsarbeit gelten die Prinzipien: Kanzlerprinzip, Kollegialprinzip und Ressortprinzip. Das Kanzlerprinzip besagt, dass der Bundeskanzler die politischen Leitlinien vorgibt, das Kollegialprinzip legt fest, dass Kanzler und Minister gemeinsam entscheiden (im Konfliktfall hat jedoch der Kanzler das Vorrecht, er ist „primus inter pares" – der Erste unter Gleichen) und das Ressortprinzip garantiert den Ministern eigenständiges Arbeiten in ihrem Fachbereich.

Bei einer solch umfangreichen Entscheidungsgewalt der Kabinettsmitglieder versteht sich eigentlich von selbst, dass diese nicht käuflich bzw. beeinflussbar sein dürfen: Artikel 66 des Grundgesetzes verbietet ihnen ausdrücklich, irgendeiner anderen Form der Erwerbstätigkeit nachzugehen.

JUDIKATIVE AUF BUNDESEBENE

Als letzte der drei Gewalten fehlt nun noch die Judikative. Sie spricht Recht und bezieht sich dabei auf die bestehenden Gesetze der

Bundesrepublik, ihre absolute Unabhängigkeit von der Regierung und auch von der Gesetzgebung ist eines der höchsten demokratischen Güter. Auf Bundesebene tun dies das Bundesverfassungsgericht, der Bundesgerichtshof, das Bundesarbeitsgericht, das Bundesverwaltungsgericht, das Bundessozialgericht und der Bundesfinanzhof, zusätzlich das Bundespatentgericht und die Truppendienstgerichte. Das wohl bekannteste ist das Bundesverfassungsgericht mit Sitz in Karlsruhe. Hier arbeiten die obersten Verfassungshüter der Bundesrepublik und achten darauf, dass das Grundgesetz eingehalten wird. Was dieses Gericht entscheidet, ist bindend für alle Verfassungsorgane, ebenso für Bundestag und Bundesregierung, und seine Hauptaufgabe ist es – zusammengefasst –, dafür zu sorgen, dass in Regierung, Rechtsprechung und Gesetzbildung nichts geschieht, was mit dem Grundgesetz unvereinbar ist. Es besteht aus zwei Senaten mit jeweils acht Richtern, die mindestens 40 Jahre alt sein müssen und das Richteramt besitzen. Sie dürfen weder Mitglieder von Bundestag, Bundesrat, Regierung oder eines entsprechenden Landesorgans sein und keiner anderen beruflichen Tätigkeit nachgehen, als Rechtslehrer an einer deutschen Hochschule zu sein, um Interessenskonflikte zu vermeiden. In jedem der beiden Senate müssen drei Richter aus einem obersten Bundesgericht sitzen. Richter am Bundesverfassungsgericht wird, wer jeweils zur Hälfte von einem Wahlausschuss des Bundestags und vom Bundesrat gewählt wurde, die Ernennung und Vereidigung ist einmal mehr Aufgabe des Bundespräsidenten. Sie müssen mit Zweidrittelmehrheit gewählt werden und bleiben zwölf Jahre im Amt, allerdings nicht länger als bis zum 68. Lebensjahr. Wiedergewählt werden können sie nicht.

Ebenfalls bekannt und im Alltag der Bundesrepublik durchaus relevant ist der Bundesgerichtshof. Er ist das oberste Gericht Deutschlands in Zivil- und Strafgerichtsprozessen und dient hier als höchste Instanz. Seine Hauptaufgabe besteht darin, offene Rechtsfragen zu klären und damit kontinuierlich an der Präzisierung des deutschen Rechts zu arbeiten. Seine Entscheidungen sind formal nur für den jeweiligen Prozess bindend, aber in der Regel gibt es mit seinen Urteilen rechtliche Rahmenbedingungen vor, an denen man sich deutschlandweit orientiert – ganz egal, ob es nun um Banken, Arbeitgeber oder Versicherungsmakler geht. Die Richter des Bundesgerichtshofs werden auch angerufen, um Urteile von niedriger gestellten Gerichten, wie beispielsweise Landesgerichten, auf Rechtsfehler hin zu überprüfen. Auch hier kann man nicht einfach so Richter werden: Man muss mindesten 35 Jahre alt sein und durch den Justizminister gemeinsam mit einem Richterwahlausschuss berufen werden. Innerhalb des Bundesgerichtshofs gibt es verschiedene Senate, die zum Teil auf besondere Rechtsfelder spezialisiert sind, z. B. einen Kartellsenat und einen Senat für Landwirtschaftssachen.

Die übrigen Bundesgerichte sind spezieller Natur und befassen sich entsprechend ihrer Bezeichnung mit besonderen Bereichen der Rechtsprechung, die im Alltag des Normalbürgers in der Regel keine große Rolle spielen. All diesen Gerichten ist jedoch eines gemein: Das oberste Prinzip ist ihre Unparteilichkeit und Unbestechlichkeit. Sie sollen nichts und niemandem verpflichtet sein außer den Gesetzen, nach denen sie urteilen. Dafür hat das Grundgesetz genaue und gründliche Regelungen getroffen, denn seit der NS-Zeit weiß man in Deutschland genau, welches Unheil eine fügsame, abhängige Gerichtsbarkeit über die Bevölkerung bringen kann. Heutzutage sind die Richter das Gegenteil: Wenn es darauf ankommt, verteidigen sie einen einzelnen Bürger gegen den gesamten Staat.

Deutschland im Überblick

Das politische System ist nun bereits bekannt – aber wessen politisches System genau? Wie ist eigentlich dieses Land, das es regelt und strukturiert, aufgebaut? Welche Teile gibt es, wie gliedern sie sich, was tun sie und wofür sind sie verantwortlich? Die nächsten Kapitel lichten nun den manchmal etwas verwirrenden Dschungel des Föderalismus.

STRUKTUR DES STAATSGEBIETS

Deutschland ist – das gilt als Grundwissen – ein Bundesstaat, der aus 16 Bundesländern unterschiedlicher Größe besteht. Die gesamte Republik hat derzeit etwa 83,1 Mio. Einwohner, davon sind ca. 42,1 Mio. Frauen und 41 Mio. Männer, außerdem gibt es ca. 72,8 Mio. Deutsche und 10,3 Mio. Nichtdeutsche. Das Land bedeckt eine Fläche von 357.000 Quadratkilometern und hat eine Außengrenze von 3.714 km Länge zu den Ländern Belgien, Dänemark, Frankreich, Luxemburg, Niederlande, Österreich, Polen, Schweiz und der Tschechischen Republik. Daran wird bereits deutlich, dass Deutschland wirklich mitten in Europa sitzt und in enger Beziehung zu seinen zahlreichen Nachbarn steht. Damit die Bürger auf verlässliche Zahlen zu z. B. der Bevölkerung zugreifen können, gibt es übrigens ebenfalls eine Behörde: Das Statistische Bundesamt, das in den Zuständigkeitsbereich des Innenministeriums fällt. Dieses Amt versorgt uns mit genauen und aktuellen Zahlen zu den einzelnen Bundesländern, die nun alphabetisch sortiert aufgelistet werden. Dazu werden ebenfalls Landeshauptstadt sowie Einwohnerzahl (jeweils gerundet in Mio.) genannt, die einen guten Überblick über die Bundesrepublik erlauben.

Baden-Württemberg / Stuttgart: 11,1
Bayern / München: 13,1
Berlin / Berlin: 3,6
Brandenburg / Potsdam: 2,5
Bremen / Bremen: 0,7
Hamburg / Hamburg: 1,8
Hessen / Wiesbaden: 6,3
Mecklenburg-Vorpommern / Schwerin: 1,6
Niedersachsen / Hannover: 8,0
Nordrhein-Westfalen / Düsseldorf: 17,9
Rheinland-Pfalz / Mainz: 4,1
Saarland / Saarbrücken: 1,0
Sachsen / Dresden: 4,1
Sachsen-Anhalt / Magdeburg: 2,2
Schleswig-Holstein / Kiel: 2,9
Thüringen / Erfurt: 2,1

Flächenmäßig ist Bayern mit Abstand das größte Land, das Schlusslicht bildet der Stadtstaat Bremen.

DAS BUNDESLAND ALS HOHEITSGEBIET

Und welchen Stellenwert haben nun diese einzelnen Länder in unserer Bundesrepublik? Was genau bedeutet es, dass Deutschland nach einem föderalen Prinzip aufgebaut ist? Der Begriff Föderalismus stammt aus dem Lateinischen von dem Wort „foedus“ ab, das so viel bedeutet wie „Bund“ oder auch „Vertrag“. Es beschreibt bereits recht gut, worum es dabei geht: Mehrere Staaten schließen sich zusammen und geben dabei teilweise ihre Selbstständigkeit und gewisse Rechte auf. Dies geschieht freiwillig und in der Annahme, dass sich dadurch letztlich in vielerlei Hinsicht Vorteile ergeben, beispielsweise finanzieller Natur oder bei der Verteidigung. Nicht zu verwechseln ist der Bundesstaat mit dem Staatenbund, den es in der Geschichte Deutschlands ja ebenfalls gab: Hier schließen sich einzelne Staaten zwar zusammen, beispielsweise um ihren Schutz zu erhöhen, aber sie geben dabei keinerlei Souveränität auf. Es handelt sich also um eine Art Zweckverband, bei dem die einzelnen Staaten sich gegenseitig in ihrer unantastbaren Eigenständigkeit respektieren. Was in unruhigen, kriegerischen Zeiten alter Kleinmonarchien ein nützliches Konzept war, ist allerdings im Europa des 21. Jahrhunderts kein praktikabler Ansatz mehr, um auf die Herausforderungen einer globalisierten Weltgesellschaft zu reagieren. Hier braucht es ein weitaus höheres Maß an Verlässlichkeit und Füreinander-Einstehen. Der deutsche Föderalismus entspringt nun einer langen Tradition und nach dem Weltkrieg legten die westlichen Besatzungsmächte großen Wert darauf, dass Deutschland sich wieder nach einem föderalistischen Prinzip strukturiert. Somit sollte einer erneuten Machtkonzentration wie im zentralistischen NS-Einheitsstaat entgegengewirkt werden. Die Besatzungszonen der Alliierten verliefen allerdings nicht unbedingt entlang der bereits bestehenden Länder, wodurch einige der heutigen Bindestrich-Bundesländer entstanden, beispielsweise Nordrhein-Westfalen oder Rheinland-Pfalz. Die sowjetische Besatzungsmacht im

Osten hingegen setzte auf eine zentralisierte DDR, in der Länder keine besondere Rolle spielen sollten. Im Grundgesetz ist der föderative Charakter Deutschlands festgeschrieben, und zwar in Artikel 20, wo es heißt: „Die Bundesrepublik Deutschland ist ein demokratischer und sozialer Bundesstaat.“. Dieser Artikel gehört ebenfalls zu den Teilen, die nicht geändert werden dürfen. Die Bundesländer selbst hingegen sind keine starre Struktur, im Gegenteil, ihre Gestalt und ihre Anzahl haben sich bereits mehrfach verändert, beispielsweise haben sich 1952 die drei Länder Baden, Württemberg-Baden und Württemberg-Hohenzollern zu einem Bundesland – dem heutigen Baden-Württemberg – zusammengeschlossen.

In Deutschland herrscht eine besondere Form des Föderalismus, der sich stark vom Föderalismus etwa der USA oder auch der Schweiz unterscheidet. Während beispielsweise jenseits des Atlantiks eine klare Aufgabentrennung zwischen der Regierung der USA und der Regierung ihrer einzelnen Bundesstaaten besteht, die auf der Grundidee von Wettbewerb und Vielfalt aufbaut, liegt in Deutschland der Fokus auf einer engen Zusammenarbeit von Bund und Ländern, wodurch die Effizienz allen staatlichen Handelns erhöht werden soll. Deswegen bezeichnet man den deutschen Föderalismus auch als kooperativen Föderalismus, wohingegen man im Hinblick auf die USA von dualem Föderalismus spricht. In Deutschland folgt der Föderalismus zwei grundlegenden Prinzipien: Subsidiarität und Solidarität. Das Subsidiaritätsprinzip besagt, dass der Bund nur die Aufgaben übernehmen soll, die die einzelnen Länder nicht bewältigen können oder die alle Länder gleichermaßen betreffen, z. B. Außenpolitik oder Verteidigung. Die Aufgaben- und Kompetenzverteilung erfolgt grundsätzlich von unten nach oben: Das heißt, bürgernaher Politik auf den niedrigen Ebenen, wie z. B. Kommunalpolitik, wird zunächst immer der Vorzug gegeben. Erst, wenn eine solche Ebene eine Aufgabe nicht mehr stemmen kann, kommt die höhere Ebene zur Hilfe. Das

Solidaritätsprinzip verlangt schließlich von Ländern und Bund, füreinander einzustehen.

Föderale Systeme bieten nun sowohl Vor- als auch Nachteile. Zu den Vorteilen gehört, dass gefährliche Zentrierung von Macht verhindert wird und dass einzelne Länder sich entsprechend ihrer ganz besonderen Situation und im Hinblick auf ihre spezifische Bevölkerung organisieren können. Außerdem kann sozusagen „im Kleinen" einiges erprobt werden, was sich dann im Erfolgsfall auch auf Bundesebene umsetzen lässt. Durch unterschiedliche Ansätze und Wettbewerb wird zudem die Innovationskraft gesteigert und mögliche Spezialisierungen erlauben Exzellenz in bestimmten Feldern. Und ohnehin ist die Politik bürgernäher, wodurch sie auch mehr Akzeptanz und Rückhalt erfährt – die Grundlagen einer gesunden Demokratie. Nachteile hingegen liegen natürlich vor allem in der geringeren Effizienz. Dadurch, dass erst einmal alle gefragt werden und zustimmen müssen, können Entscheidungsprozesse sich erheblich verlangsamen und manchmal lässt sich auch keine Lösung finden. Außerdem kosten zusätzliche Institutionen in allen Ländern auch zusätzliches Geld und vereinzelt kann es kompliziert werden, wenn man von einem Bundesland in ein anderes zieht – etwa beim Schulwechsel. Trotz dieser Schwierigkeiten werden in Deutschland die Vorteile eines solchen Systems als weitaus bedeutender eingeschätzt, weswegen der Föderalismus fest im Grundgesetz verankert ist.

Und was sagen nun die deutschen Bürger zum Föderalismus? Umfragen zeigen immer wieder, dass die Wahrnehmung hier stark gespalten ist. Zum einen haben die meisten Deutschen einen klaren und ausgeprägten Bezug zu „ihrem" Bundesland, sie fühlen sich etwa als Sachsen oder Thüringer, sie kennen ihre Landespolizei, die bei Fußballspielen oder Volksfesten für Ordnung sorgt, sie sind vertraut mit kulturellen Besonderheiten und fühlen sich durch Dialekt und durch eine bestimmte Lebensweise ihrer Region zugehörig. Den Erhalt dieser

Vielfalt und eine entsprechende Gesetzgebung, die Unterschiede zulässt und Freiheiten gibt, befürworten sie in der Mehrzahl. Allerdings wünschen sich trotzdem viele Bürger in einigen Punkten, die bislang typische Länderangelegenheiten sind, gesamtdeutsche Regelungen. So wird beispielsweise immer wieder ein zentrales Abitur ins Spiel gebracht und man beklagt Hindernisse und Schwierigkeiten beispielsweise bei bundesweiten Ermittlungen wie zu den Morden des NSU-Komplexes. So ist deutsche Politik auch ein fortwährendes Austarieren einer guten, akzeptierten und funktionalen Balance von Rechten und Pflichten zwischen Ländern und Bund.

DAS VERHÄLTNIS ZWISCHEN BUND UND LÄNDERN

Wenn ein solch filigranes und komplexes Verhältnis funktionieren soll, müssen Zuständigkeiten, Rechte und Pflichten natürlich genauestens geregelt sein – und das ist auch der Fall. Grundlegendes Merkmal unseres Föderalismus ist, dass sowohl Länder als auch der Bund Gesetzgebungskompetenz haben. Wie dies auf Bundesebene verläuft, wurde bereits genau dargelegt, auf Landesebene ist es im Prinzip recht ähnlich. Es gibt Parlamente – die Landesparlamente –, deren Abgeordnete vom Volk in den Landtagswahlen gewählt werden. Diese finden alle fünf Jahre statt, eine Ausnahme ist Bremen, wo bereits nach vier Jahren erneut gewählt wird. In den Stadtstaaten gibt es abweichende Begrifflichkeiten, so nennt man den Berliner Landtag Abgeordnetenhaus, in Bremen und Hamburg spricht man von der Bürgerschaft. Der jeweilige Regierungschef ist – analog zum Kanzler auf Bundesebene – der Ministerpräsident, in Berlin heißt er regierender Bürgermeister, in Bremen und Hamburg erster Bürgermeister. Er bildet ebenfalls ein Kabinett, allerdings ist er bei der Auswahl seiner Kabinettsmitglieder auf die Zustimmung des Parlaments angewiesen, in den Stadtstaaten werden sie sogar einzeln gewählt. Die Ministerpräsidenten der Länder sind derzeit:

Baden-Württemberg: Winfried Kretschmann, Grüne
Bayern: Markus Söder, CSU
Berlin: Michael Müller, SPD
Brandenburg: Dr. Dietmar Woidke, SPD
Bremen: Dr. Andreas Bovenschulte, SPD
Hamburg: Dr. Peter Tschentscher, SPD
Hessen: Volker Bouffier, CDU
Mecklenburg-Vorpommern: Manuela Schwesig, SPD
Niedersachsen: Stephan Weil, SPD
Nordrhein-Westfalen: Armin Laschet, CDU
Rheinland-Pfalz: Malu Dreyer, SPD
Saarland: Tobias Hans, CDU
Sachsen: Michael Kretschmer, CDU
Sachsen-Anhalt: Dr. Reiner Haseloff, CDU
Schleswig-Holstein: Daniel Günther, CDU
Thüringen: Bodo Ramelow, Die Linke

Soweit läuft also auf Landesebene letztlich alles wie auf Bundesebene – die entscheidende Frage ist natürlich, wer was bestimmen darf. Ein oberstes Prinzip ist im Grundgesetz festgelegt, und zwar sagt Artikel 31: „Bundesrecht bricht Landesrecht.“. Das macht die Grundsituation der Gesetzgebung in Deutschland sehr deutlich: Sollte ein Land ein Gesetz haben, das im Widerspruch zu einem Gesetz des Bundes steht, so ist es ungültig. Das letzte Wort hat also der Bund. Es gibt nun unterschiedliche Bereiche des Lebens, innerhalb derer die Gesetzgebung unterschiedlich geregelt ist. Prinzipiell existieren zwei Arten der Gesetzgebungskompetenz für den Bund: die ausschließliche und die konkurrierende Gesetzgebungszuständigkeit. Gesetze zu erlassen, die unter den Bereich der ausschließlichen Gesetzgebungskompetenz fallen, steht nur dem Bund zu. Nur, wenn ein Bundesgesetz den Ländern ausdrücklich die Berechtigung erteilt, dürfen die Länder in diesem Bereich eigene Gesetze erlassen. Es gibt eine lange Liste an Themenfeldern, für deren gesetzliche Regelung allein der Bund zuständig ist, sie findet sich im Grundgesetz unter Artikel 73. Einige wichtige Beispiele sind: Auswärtige Angelegenheiten und Verteidigung, Staatsbürgerschaftsangelegenheiten, Währungs-, Geld- und Münzwesen, Luftverkehr oder das Waffen- und Sprengstoffrecht. Im Bereich der konkurrierenden Gesetzgebungskompetenz dürfen schließlich die Länder tätig werden, solange der Bund von seinem Gesetzgebungsrecht nicht Gebrauch macht. Dass der Bund hier tätig wird, ist in drei Konstellationen vorgesehen. Erstens: Grundsätzlich ohne zusätzliche Bedingungen. Dass er dies jedoch nicht einfach ständig tut, liegt schließlich im ureigensten Interesse des Föderalismusprinzips und ohnehin können die Länder gegenüber dem Bundesrat in vielen Fällen Widerstand leisten. Zweitens: Wenn ein Bereich unter die sogenannte „Erforderlichkeitsklausel" fällt. Das heißt, dass es in diesem Bereich im Interesse des ganzen Bundesstaates nötig ist, ein einheitliches Gesetz zu haben, um gleichwertige Lebensverhältnisse in ganz Deutschland zu garantieren oder die wirtschaftliche und rechtliche Einheit zu sichern. Ein Beispiel hierfür ist das Lebensmittelrecht. Hier ist es wichtig, dass die Gesetze beispielsweise allen Bürgern überall in Deutschland die gleiche Sicherheit beim Verbrauch von Lebensmitteln zusichern, denn gäbe es dabei Unterschiede, würde das zu stark unterschiedlichen Lebensstandards führen. Das Gleiche gilt für das Aufenthaltsrecht von Ausländern. Übrigens haben die Länder hier ein Instrument an der Hand, falls der Bund zu viel Macht an sich reißen sollte: Nach Artikel 93 GG können sie vor das Bundesverfassungsgericht ziehen, um klären zu lassen, ob hier wirklich die Berechtigung des Bundes vorlag, die Gesetzgebung zu übernehmen. Drittens: Bereiche der Abweichungskompetenz. Dieses Prinzip existiert seit der

Föderalismusreform 2006 und es besagt, dass in bestimmten Bereichen die Länder das Recht haben, vom Bundesgesetz abweichende gesetzliche Regelungen zu treffen. Dies betrifft mit einigen Ausnahmebestimmungen das Jagdwesen, den Naturschutz und die Landschaftspflege, die Bodenverteilung, die Raumordnung, den Wasserhaushalt sowie die Hochschulzulassungen und -abschlüsse. Auch für den Bereich der konkurrierenden Gesetzgebungszuständigkeit gibt es eine lange Liste, die sich im Grundgesetz unter Artikel 74 findet. Diese Liste ist im Übrigen deutlich umfangreicher als die der ausschließlichen Gesetzgebungskompetenz. Die wichtigsten bzw. relevantesten Punkte sind: bürgerliches Recht, Strafrecht und Gerichtsverfassung, Personenstandswesen, das Recht der Wirtschaft, Arbeitsrecht, Recht auf Enteignung oder Überführung in Gemeindeeigentum, Maßnahmen gegen gemeingefährliche Krankheiten, Zulassung zu Heilberufen, wie z. B. Arzt, Schifffahrt oder Abfallwirtschaft, sowie alle Bereiche, die unter den Bereich der oben erläuterten Erforderlichkeitsklausel fallen.

Der berühmteste Fall der Zuständigkeit der Länder ist wohl die Bildungspolitik. Bildung sei Ländersache – so heißt es und an diesem Grundsatz hielt man jahrzehntelang fest. Allerdings findet sich dieses Gebot so nicht im Grundgesetz, auch, wenn viele Bürger das anders vermuten. Auf keiner der beiden oben erwähnten Listen an Zuständigkeiten findet sich überhaupt das Thema „Bildung", mit Ausnahme einiger spezifischer Regelungen, die Hochschulen betreffen. Die Hoheit der Länder in Bildungsangelegenheiten lässt sich nur ableiten aus Artikel 30, wo es sinngemäß heißt, dass die Länder die Befugnisse und Aufgaben ausüben, für die das Grundgesetz nichts anderes vorschreibt. Und da die Bildung nirgends explizit erwähnt wird, fällt sie in den Zuständigkeitsbereich der Länder. Um diese Zuständigkeit zu sichern, bestand seit der Föderalismusreform von 2006 gar das sogenannte Kooperationsverbot, das die Mitwirkung des

Bundes an der Bildungspolitik der Länder auf ein absolutes Minimum beschränken sollte. 2019 einigte man sich in Bundestag und Bundesrat jedoch auf eine Grundgesetzreform, die eine Beteiligung des Bundes an der Bildungsfinanzierung der einzelnen Länder ermöglicht, unter dem Schlagwort „Digitalpakt Schule". Zugrunde lagen dieser Reform die Erkenntnisse, dass die grundlegende und flächendeckende Digitalisierung der Schulen eine solch komplexe und vor allem kostspielige Aufgabe ist, dass die Länder sie nur schwerlich allein bewältigen können, und schon gar nicht alle im gleichen Umfang.

Wenn man diese Listen betrachtet, wird deutlich, dass die einzelnen Länder im wirtschaftlichen Bereich große Freiheiten genießen – was eben auch zu Unterschieden führt. Unter anderem darum geht es im nun folgenden Kapitel, das sich mit der Regelung der Finanzen in Bund und Ländern befasst.

FINANZIELLE GESTALTUNG IN BUND UND LÄNDERN

Wer bekommt nun woher sein Geld und wer darf darüber bestimmen? Das ist im Föderalismus wohl eine der wichtigsten und auch eine der strittigsten Fragen, denn schließlich haben alle – Bund, Länder und Kommunen – eine Reihe an Aufgaben, und die sind nur mit Geld zu bewältigen. Deswegen ist auch dieser Bereich sehr genau geregelt, gleichzeitig ist es ein äußerst dynamisches Themenfeld: Wenn die Zeiten sich ändern, ändern sich auch die Aufgaben und darauf muss die Gesetzgebung reagieren. Die grundlegende Frage muss zunächst einmal lauten: Woher bekommt der Staat überhaupt Geld? Hier ist die Antwort noch recht einfach: von seinen Bürgern. Die Bürger zahlen Steuern, mit denen sie letztlich alles finanzieren, was Staat und Länder tun – und die tun es für die Bürger. Letztlich bezahlen also die Bürger alles, was sie am Ende bekommen. So funktioniert der

Finanzierungskreislauf in Deutschland, aber natürlich stehen dazwischen zahlreiche, nicht immer einfach nachzuvollziehende Zwischenschritte.

Über sämtliche Zölle sowie Finanzmonopole hat zunächst Artikel 105 GG zufolge der Bund die ausschließliche Gesetzgebungskompetenz, im Bereich der konkurrierenden Gesetzgebungskompetenz ist er zuständig, wenn ihm die Erträge aus diesen Steuern ganz oder teilweise zustehen, wie es beispielsweise bei den drei Gemeinschaftsteuern (Einkommen-, Körperschaft- und Umsatzsteuer) der Fall ist. Um die deutschlandweite Einheitlichkeit im Hinblick auf Wirtschaft und Recht sicherzustellen, hat der Bund aber auch in anderen Feldern der konkurrierenden Steuergesetzgebung von seinem Vorrecht weitreichend Gebrauch gemacht, sodass den Ländern nicht mehr viel Handlungsspielraum bleibt. Ihnen steht die Erhebung von örtlichen Verbrauch- und Aufwandsteuern zu, ebenso haben sie Rechtshoheit über die Kirchensteuern und die Festlegung der Grunderwerbsteuer. Sie dürfen auch den Hebesatz der Grundsteuer und der Gewerbesteuer festlegen, also den Wert, mit dem der Steuermessbetrag multipliziert wird. Dies fällt sogar in den Zuständigkeitsbereich der Kommunen, wodurch diese also ganz konkret bestimmen können, wie hoch in ihrem Gebiet die entsprechenden tatsächlich zu entrichtenden Steuern sein sollen. So verhält es sich also mit der Zuständigkeit der Steuergesetzgebung, aber wer bekommt nun welchen Teil vom großen Steuerkuchen? Hier ist wichtig, festzuhalten, dass die tatsächliche Ausführung der meisten Gesetze und auch die Verwaltung zu großen Teilen in den Zuständigkeitsbereich der Länder fallen. Das heißt, der Bund erlässt zwar einen Großteil der Gesetze in Deutschland, umsetzen müssen sie aber die Länder. Im Grundgesetz wird festgehalten, dass jede staatliche Ebene die Aufgaben, die sie erfüllen muss, auch selbst zu finanzieren hat, die Länder müssen also ihre Aufgaben selbst bezahlen, ebenso die Gemeinden. Damit ihnen dafür die nötigen Mittel zu

Verfügung stehen, ist genau festgelegt, wem welche Steuern zufließen. Hier können die Zuständigkeiten zunächst etwas verwirrend sein: Wie bereits erwähnt, erlässt der Bund die allermeisten Steuergesetze, das heißt, er legt fest, wer wie viel zu bezahlen hat. Das heißt aber nicht, dass ihm die so eingenommenen Steuern auch zustehen. Ein gutes Beispiel ist die Einkommenssteuer. Es liegt in der Verantwortung des Bundes, diese Steuer gesetzlich festzulegen, allerdings wird ihr Ertrag zwischen Bund, Ländern und Kommunen aufgeteilt. Artikel 106 GG legt nun genau fest, wem welcher Teil der Steuern zusteht, hier auszugsweise die wichtigsten Beispiele: Der Bund erhält alle Einnahmen aus den Zöllen, der Straßengüterverkehrsteuer, der Kapitalverkehrsteuer, der Versicherungssteuer, den einmaligen Vermögensabgaben oder den Abgaben im Rahmen der Europäischen Gemeinschaft. Den Ländern hingegen stehen beispielsweise die Erträge aus der Vermögensteuer, der Erbschaftsteuer und der Biersteuer zu. Darüber hinaus gibt es Steuern, deren Gewinne aufgeteilt werden, die Gemeinschaftsteuern. Das ist zum einen die erwähnte Einkommensteuer, außerdem Körperschaftsteuer und Umsatzsteuer. An der Verteilung der Umsatzsteuer lässt sich übrigens schrauben, die beiden anderen sind fix aufgeteilt. Gemeinden erhalten nun einen Teil der Umsatzsteuer sowie die Grundsteuer und die Gewerbesteuer, ebenso wie die örtlichen Verbrauch- und Aufwandsteuern. Und wer muss von diesem Geld nun welche Aufgaben erfüllen? Das Bundesfinanzministerium bietet hierfür eine Übersicht an:

Bund	**Länder**	**Gemeinden**
Auswärtiger Dienst	Bildung	Abwasser- und Abfallentsorgung
Bundesfinanzverwaltung	Forschung und Wissenschaft	Bauleitplanung
Landesverteidigung	Kommunalaufsicht und Finanzausstattung der Gemeinden	Kinder- und Jugendhilfe/ Kindertagesbetreuung
System der sozialen Sicherung	Kultur	Museen, Sportanlagen, Theater
Überregionale Wirtschaftsförderung	Landesfinanzverwaltung	Örtliche Schulen
Verkehrswesen	Öffentlicher Personennahverkehr	Örtliches Verkehrswesen
Währungspolitik	Polizei	Örtliche Wasser- und Energieversorgung
Währungspolitik	Regionale Wirtschaftsförderung	Straßenreinigung

(Quelle: Bundesministerium der Finanzen, Broschüre: BMF 30800.)

Um die bisherigen Verteilungszahlen sinnvoll einordnen zu können, ist es ebenfalls von Bedeutung, zu wissen, wie groß die Erträge der jeweiligen Steuern sind. Mit Abstand den größten Ertrag bringen die drei Gemeinschaftsteuern, die zusammen mehr als zwei Drittel der kompletten Steuereinnahmen bilden. Für das Jahr 2016 liegen beispielsweise folgende Daten vor (jeweils in Millionen Euro): Gemeinschaftsteuern: 508.582, Bundessteuern: 104.441, Ländersteuern: 65.313, Gemeindesteuern: 22.342, Zölle (werden direkt an die EU gezahlt): 5.113. Prinzipiell gilt der Grundsatz, dass Steuern dort verbleiben, wo sie eingenommen werden, die Länder erhalten also das, was innerhalb ihrer Grenzen eingenommen wird. Eine Ausnahme bildet die Umsatzsteuer, die nach Einwohnerzahl bemessen und verteilt wird und zudem sogenannte Ergänzungsanteile beinhaltet, die an Länder mit unterdurchschnittlichen Erträgen ausgegeben werden. Und wofür geben Bund und Länder nun tatsächlich wie viel Geld aus? Hier informiert ebenfalls eine Grafik des Bundesfinanzministeriums:

Ausgaben in Prozent	**Bundeshaushalt 2017** *329 Milliarden Euro*	**Länderhaushalt 2016** *348 Milliarden Euro*
Verteidigung	11	
Bildungswesen, Wissenschaft, Forschung	7	29
Soziale Sicherung	52	15
Verkehrs- und Nachrichtenwesen	6	4
Finanzwirtschaft	7	30
Übrige Aufgaben	16	12
Öffentliche Sicherheit		10

(Quelle: *Auf den Punkt.* Broschüre. 2017)

Auch, wenn es also klar geregelte Zuständigkeiten und Mittel gibt, bieten doch eine Reihe von Ausnahmen Flexibilität in der Finanzierung. So werden beispielsweise die sogenannten Gemeinschaftsaufgaben – eigentlich im Zuständigkeitsbereich der Länder – vom Bund mitfinanziert, wenn dies für eine erhebliche Verbesserung der Lebensumstände nötig ist. Dies gilt für den Ausbau der regionalen Infrastruktur und ebenso für Agrarstruktur und Küstenschutz. Dass der Bund auch im Hinblick auf Bildung finanzielle Unterstützung gewähren kann, wurde bereits erwähnt, zudem kann er generell bei einzelnen besonders bedeutsamen Investitionen oder Projekten in Ländern und Gemeinden Finanzierungshilfe leisten. Und schließlich stellt der Bund über den 2015 eingerichteten Kommunalinvestitionsförderungsfonds zusätzliche Hilfen für besonders finanzschwache Kommunen zur Verfügung.

Bleibt ganz zum Schluss noch die leidige Frage nach dem Länderfinanzausgleich. Obwohl viele Menschen ihn noch beklagen, da stets die gleichen Länder zahlen und die gleichen nehmen, ist er von der Öffentlichkeit erstaunlich unbemerkt bereits abgeschafft worden, zu Anfang dieses Jahres fiel er erstmals weg. Trotzdem besteht laut Grundgesetz die Notwendigkeit, dass Unterschiede in der Finanzkraft der einzelnen Länder so ausgeglichen werden müssen, dass alle ihren Aufgaben nachkommen können. Darum verteilt der Bund nun zusätzliches Geld aus der Umsatzsteuer – die ärmeren Länder bekommen mehr, die reicheren weniger. Der Bund gibt dieses zusätzliche Geld übrigens nicht ganz umsonst aus, er sichert sich damit erweiterte Kompetenzen, unter anderem die ausschließliche Zuständigkeit für sämtliche Autobahnen. Wie sich diese neue Form des Finanzausgleichs in der Praxis bewährt, werden die kommenden Jahre zeigen.

Elemente der Partizipation

All die bislang erläuterten Institutionen und Amtsträger sind nun die politischen Vertreter, die sich um all die großen und kleinen Belange der Bürger dieses Landes kümmern, über den tatsächlichen „Herrscher“ wurde jedoch noch nicht gesprochen: das Volk. „Alle Staatsgewalt geht vom Volke aus.“, sagt das Grundgesetz im nicht veränderbaren Artikel 20. Auch, wenn diese Tatsache den Bürgern im Alltag oft nicht deutlich vor Augen steht, so ist sie doch letztlich der alles bestimmende Grundsatz unserer Staatsform. Was die Mehrheit wünscht, das wird getan – so lässt sich demokratisches Denken zusammenfassen. Wie aber bestimmt der Bürger nun tatsächlich die Geschicke seines Landes? Die folgenden Kapitel geben Aufschluss darüber, wie der Bürgerwillen in reale Politik übersetzt wird und welche Möglichkeiten der Teilnahme, Mitbestimmung und Einflussnahme jeder Einzelne in der Bundesrepublik hat.

WÄHLEN MIT SYSTEM – DIE INDIREKTE DEMOKRATIE

Durch Wahlen bestimmen wir die Politik. Diese Tatsache ist allgemein bekannt und die ungefähren Rahmenbedingungen kennt man auch: Alle vier Jahre werden wir an die Urne gebeten und wählen den Bundestag, dazwischen gibt es noch ein paar kleinere Wahlen, von denen viele Bürger erst wissen, wenn die entsprechenden Wahlplakate die Stadt tapezieren. Aber was genau wählen wir wann, nach welchem System sind unsere Wahlen gestaltet und für was geben wir da eigentlich unsere Stimmen ab? Nicht alles ist auf den ersten Blick klar und ersichtlich in unserer indirekten Demokratie. Zeit also, ein wenig Struktur in die zahlreichen Informationen zu bringen.

Deutschland lebt in einer indirekten Demokratie, ein anderer Begriff für die repräsentative Demokratie. Deren Kernelement wurde bereits erwähnt: Die Bürger entscheiden nicht direkt selbst über jede Angelegenheit, sondern sie wählen Vertreter, die das für sie tun. Sie übertragen also ihre Macht für einen bestimmten Zeitraum an jemand anderen – an die Abgeordneten. Die Abgeordneten haben somit ein Mandat, was vom lateinischen Wort „mandare“ stammt und so viel bedeutet wie „auftragen, anvertrauen, übergeben“. Deren Aufgabe wird somit schon sehr deutlich: Sie sitzen in Parlamenten – Bundestag, Landtag, Stadtrat – und vertreten die Interessen derer, die sie gewählt haben. In der Regel gehören diese Abgeordneten Parteien an und natürlich folgen diese Parteien bestimmten Programmen. Als Bürger wählt man die Partei, deren Ideen, Programme und Personal einem ansprechend erscheinen. Die Abgeordneten handeln dann üblicherweise entlang der Linien ihrer jeweiligen Partei – deshalb sind sie ja dort Mitglied –, aber wenn sie schließlich über ein Gesetz abstimmen, sind sie letztlich nur ihrem Gewissen verpflichtet. Und dieses Gewissen folgt – so die Idee aller repräsentativen Demokratie – dem Willen der Bürger, und zwar, so will es GG 38, dem Willen aller

Bürger. Abgeordnete sind stets Vertreter des ganzen Volkes, nicht nur derjenigen, die für sie gestimmt haben. Soll also ein Gesetz verabschiedet werden, dass die jeweilige Partei gutheißt, aber einer der Abgeordneten ist davon überzeugt, dass dieses Gesetz dem Willen des Volkes zuwiderliefe, so kann und muss er sich gegen dieses Gesetz entscheiden – auch, wenn das Ärger mit der Partei bedeutet.

Und wie genau wird nun gewählt bzw. von wem? Betrachten wir diese Frage zunächst einmal auf Bundesebene. Bei der Bundestagswahl ist jeder wahlberechtigt, der die deutsche Staatsbürgerschaft besitzt, am Wahltag mindestens 18 Jahre alt ist und seit drei Monaten oder länger im Bundesgebiet lebt. Auch deutsche Staatsbürger, die im Ausland leben, dürfen wählen, wenn sie nach ihrem 14. Lebensjahr mindestens drei Monate ohne Unterbrechung in der Bundesrepublik gelebt haben und dieser Aufenthalt nicht länger als 25 Jahre zurückliegt. Zusätzlich dürfen Auslandsdeutsche wählen, wenn sie einen engen Bezug zur politischen Realität in Deutschland haben. Das Wahlrecht steht jedem zu und muss nicht verdient werden, verlieren kann man es nur unter ganz eng umgrenzten Umständen, und zwar aufgrund der Begehung bestimmter politischer Straftaten, wie z. B. Landesverrat, Offenbarung von Staatsgeheimnissen, Abgeordnetenbestechung oder die Fälschung von Wahlunterlagen. Warum Bürger in solchen Fällen von den Wahlen ausgeschlossen werden können, ist ersichtlich, allerdings kann dann das Wahlrecht auch nur für zwei bis fünf Jahre entzogen werden. Andere Straftaten reichen übrigens nicht aus, um das Wahlrecht zu verwirken, selbst ein mehrfacher Mörder darf aus dem Gefängnis heraus sein Wahlrecht ausüben. Es gibt zweierlei Formen des Wahlrechts, das aktive und das passive. Das aktive Wahlrecht ist den meisten Bürgern vertrauter, es ist nämlich jenes, das sie regelmäßig ausüben, wenn sie an die Urnen treten: das Recht, jemanden zu wählen. Passives Wahlrecht bezeichnet das Recht, gewählt werden zu können, also wählbar zu sein. Wahlen erfolgen in Deutschland nach fünf

Grundsätzen: Sie sind allgemein, unmittelbar, frei, gleich und geheim. Allgemein sind Wahlen, in denen jedem, der die Kriterien erfüllt, das Wahlrecht zusteht, also ungeachtet seines Geschlechts, seines Alters, seiner religiösen Anschauungen, seines sozialen Status etc. Sie sind unmittelbar, wenn sie direkt erfolgen, die Bürger also ihre Abgeordneten ohne Zwischeninstanz, wie z. B. Wahlmänner, wählen. Gleiches Wahlrecht besagt, dass jeder Bürger gleich viele Stimmen hat und dass diese Stimmen auch gleich viel Gewicht haben. Freie Wahlen besagen, dass die Bürger in ihrer Entscheidung, wem sie ihre Stimme geben möchten, auch tatsächlich frei und ohne Zwang sind. Eng mit der Freiheit verknüpft ist die Bedingung, dass Wahlen geheim sein müssen. Niemand darf nachprüfen können, wie Einzelne sich in der Wahlkabine tatsächlich entscheiden, aus diesem Grund darf man sie auch stets nur allein betreten.

Die Bundestagswahl funktioniert nun nach dem System der personalisierten Verhältniswahl. Die Wähler geben jeweils zwei Stimmen ab, die Erst- und die Zweitstimme. Mit der Erststimme wird ein Direktkandidat gewählt, der den jeweiligen Wahlkreis persönlich in Berlin vertritt. Deutschland ist derzeit in 299 Wahlkreise eingeteilt, Wahlkreis 1 ist Flensburg, Wahlkreis 299 Homburg. Die Einteilung erfolgt nach Einwohnerzahl, so sollen in allen Wahlkreisen etwa gleich viele Bürger leben, nämlich ca. 250.000, Kreis- oder Gemeindegrenzen werden nach Möglichkeit berücksichtigt. Der Direktkandidat eines Wahlkreises heißt Wahlkreisabgeordneter und ist in besonderer Weise den Interessen der Bürger in seinem Wahlkreis verpflichtet. Mit der Zweitstimme legen die Wähler nun die Mehrheitsverhältnisse im Bundestag fest. Hier wählen sie nicht einen bestimmten Kandidaten, sondern die Landesliste einer Partei. Deutschlandweit sind diese nicht immer vergleichbar, da nicht in jedem Bundesland jede Partei antritt bzw. die einzelnen Parteien in den unterschiedlichen Ländern unterschiedlich stark sind. Die Listen werden im Vorfeld der Wahlen von den einzelnen Parteien erstellt, darauf finden sich die Kandidaten, die die jeweilige Partei gerne nach Berlin schicken würde. Die Reihenfolge ist hierbei wichtig: Wer auf der Liste oben steht, kommt zuerst dran. Wie viele Kandidaten der Liste dann letztlich entsendet werden, hängt von den Stimmenverhältnissen ab. Insgesamt werden die Plätze im Bundestag nach den Mehrheitsverhältnissen der Zweitstimmen vergeben. Das heißt, wenn eine Partei beispielsweise 37 % der Zweitstimmen erringt, stehen ihr 37 % der Sitze im Bundestag zu. Zwischen Erst- und Zweitstimmen wird in jedem Bundesland wie folgt aufgeteilt: Erringt eine Partei in einem Land mit dem Anteil ihrer Zweitstimmen z. B. acht Sitze, so stehen ihr acht Sitze in Berlin zu. Wenn diese Partei nun in diesem Bundesland fünf Direktmandate erhält, so sendet sie die fünf Direktkandidaten plus die ersten drei Abgeordneten auf der Landesliste nach Berlin. Hat sie nur zwei Direktmandate erzielt, so schickt sie diese beiden Direktkandidaten und füllt mit sechs Kandidaten von der Landesliste auf. Man kann sich nun bereits ausrechnen, dass es hier zu Ungereimtheiten kommen kann: Nämlich dann, wenn eine Partei mehr Direktmandate erringt als ihr nach dem Zweitstimmenverhältnis Sitze zustünden. Ein Beispiel: In einem Land erringt eine Partei mit ihren Zweitstimmen fünf Sitze im Bundestag. Allerdings waren sieben Direktkandidaten der Partei innerhalb dieses Bundeslandes erfolgreich. Die Direktkandidaten sind nicht verhandelbar, wenn sie gewählt sind, werden sie in den Bundestag entsandt, allerdings sind es nun mehr Abgeordnete als vorgesehen bzw., als der Partei nach dem Zweitstimmenverhältnis zustünde. So kommen die sogenannten Überhangmandate zustande, die auch die abweichenden Sitzzahlen im Bundestag erklären. Dort ist die Anzahl von 598 Abgeordnetensitzen vorgesehen, von denen jeweils die Hälfte (299) über Direktkandidaten und die Hälfte über Listenkandidaten besetzt werden. Im derzeitigen Bundestag, dem 19., sitzen jedoch 709 Abgeordnete, also deutlich mehr als vorgesehen. Die zusätzlichen Mandate ergeben sich also zum einen aus den Überhangmandaten, zum anderen gibt es seit 2013 noch die sogenannten Ausgleichsmandate. Diese haben nun den Zweck, die Verzerrung der Mehrheitsverhältnisse der Zweitstimmen durch die Überhangmandate auszugleichen. Den entsprechenden Parteien werden also zusätzliche Mandate zugestanden, damit am Ende die Verhältnisse, die die Wähler tatsächlich bestimmt haben, auch erhalten bleiben. Um eine zu kleinteilige Zersplitterung dieses ganzen Systems zu vermeiden, gibt es die Fünf-Prozent-Sperrklausel: Sie besagt, dass nur Parteien, die mindesten 5 % der Zweitstimmen erhalten haben, tatsächlich in den Bundestag einziehen können. Sind es weniger Stimmen, verfallen diese und die Partei bleibt außen vor. Dass man eine Zersplitterung des Parlaments vermeiden möchte, hat vor allem den Grund, dass das Parlament dadurch relativ leicht handlungsunfähig werden könnte. Wenn der Bundestag aus einer Unzahl kleinster Fraktionen bestünde, würde es zunehmend schwierig, Mehrheiten und Einigungen zu erreichen, und die Gesetzgebung wäre lahmgelegt. Trotzdem gibt es Sonderregelungen, um den Wählerwillen nicht zu verfälschen, und zwar für die Direktmandate: Wie bereits gesagt wurde, sind diese unverhandelbar – wer von einem Wahlkreis direkt gewählt wurde, darf auch nach Berlin, egal, wie schwach seine Partei ansonsten abgeschnitten haben mag. Hierfür gibt es zwei Szenarien. Erstens: Eine Partei hat über die Zweitstimmen weniger als 5 % erreicht – beispielsweise 3,9 % –, aber drei oder mehr Direktmandate erhalten. Dann ziehen diese drei oder mehr Direktkandidaten in den Bundestag ein, zusätzlich werden die 3,9 % der Zweitstimmen berücksichtigt, und zwar so, wie bei jeder Partei, die es über die Fünf-Prozent-Hürde geschafft hat. Je nach den Mehrheitsverhältnissen im jeweiligen Bundesland könnten sich daraus dann über die Direktkandidaten hinaus noch weitere Plätze ergeben und diese darf die Partei dann auch besetzen. Zweitens: Anders verhält es sich, wenn die Partei weniger als

5 % der Zweitstimmen errungen hat – erneut beispielsweise 3,9 % – und wenn nur ein oder zwei Direktkandidaten sich durchgesetzt haben. Die Direktkandidaten gehen in jedem Fall nach Berlin, die übrigen 3,9 % der Stimmen verfallen jedoch. Dieses System wirkt zunächst kleinteilig und kompliziert, außerdem entsteht dadurch ein Bundestag, der deutlich größer ist als ursprünglich angedacht. Allerdings wird damit großen Wert darauf gelegt, dass die Mehrheitsverhältnisse erhalten bleiben und somit der tatsächliche Wählerwille möglichst unverzerrt im Parlament abgebildet wird. Unser aktueller Bundestag setzt sich somit folgendermaßen zusammen: 246 Sitze für die CDU/CSU, 152 für die SPD, 89 für die AfD, 80 für die FDP, 69 für Die Linke, 67 für Bündnis 90/ Die Grünen und sechs Parlamentsmitglieder sind fraktionslos.

Wie auf Bundesebene funktionieren die Wahlen meist auch auf Landesebene. In den meisten Ländern wird eine personalisierte Verhältniswahl angewendet, Ausnahmen sind Bremen, Hamburg und das Saarland. Hier kommt ein Verhältniswahlsystem in Mehrpersonenwahlkreisen zur Anwendung. Dabei werden pro Wahlkreis mehrere Mandate vergeben, die sich nach den Stimmenanteilen richten. Eine Besonderheit ist, dass einige Länder schon Sechzehnjährigen das aktive Wahlrecht zugestehen, dies sind Brandenburg, Bremen, Hamburg und Schleswig-Holstein. Und letztlich findet sich noch eine nicht unerhebliche Abweichung bei Wahlen auf Kommunalebene: Hier sind auch EU-Ausländer wahlberechtigt.

Damit bei den Wahlen alles richtig läuft, gibt es übrigens auf höchster Ebene einen Verantwortlichen, den Bundeswahlleiter. Er ist dafür verantwortlich, Wahlen zu organisieren, durchzuführen und im Anschluss auch zu überprüfen, ob alles rechtens ist. Gemeinsam mit den Landeswahlleitern entscheidet er somit, ob eine Wahl den höchsten verfassungsrechtlichen Ansprüchen genügt oder womöglich ungültig ist. Derzeit wacht über die Bundestags- und Europaparlamentswahlen Dr. Georg Thiel, der dieses Amt seit 2017 innehat.

PETITION, VOLKSBEGEHREN, BÜRGERENTSCHEID: ELEMENTE DIREKTER PARTIZIPATION

Die deutsche Demokratie ist eine indirekte Demokratie, das heißt allerdings nicht, dass die Staatsbürger hierzulande auf sämtliche Mittel direkter Demokratie verzichten müssten. Ganz im Gegenteil haben sie eine Reihe an Möglichkeiten, sich direkt an die Gesetzgeber zu wenden oder Beschlüsse an sich zu ziehen. Auf Bundesebene steht hierfür in erster Linie das Petitionsrecht zur Verfügung, auf Länderebene können die Bürger auf den Volksentscheid zurückgreifen und die Kommunalpolitik können sie mit dem Instrument des Bürgerentscheids selbst in die Hand nehmen. Hinsichtlich ihrer Einsatzmöglichkeit und Wirkung bestehen zwischen diesen Partizipationsformen erhebliche Unterschiede: So ist eine Petition zunächst nichts weiter als das, was ihre Übersetzung aus dem Lateinischen bedeutet – eine Bitte. Volksentscheid und Bürgerentscheid sind ebenfalls genau das, was in der Begrifflichkeit steckt: nämlich Entscheidungen, die das Volk an sich gezogen hat – ganz gleich, ob das dem jeweiligen Parlament gefällt oder nicht. Eine solche tatsächliche, direkte Entscheidungsmacht ist auf Bundesebene grundsätzlich nicht vorgesehen, es gibt nur zwei spezifische Ausnahmefälle, die das Grundgesetz festlegt: Die Bürger müssen direkt abstimmen, wenn entweder eine neue Verfassung in Kraft gesetzt oder aber das Bundesgebiet neu gegliedert werden soll. Für diesen Vorbehalt gegenüber direkten Entscheidungen der Bürger auf Bundesebene gibt es gute Gründe: In einer repräsentativen Demokratie, wie sie in Deutschland besteht, würde die tatsächliche Handlungsfähigkeit der Staatsorgane dadurch erheblich eingeschränkt. Zudem sind viele der großen politischen Fragen zu komplex, als dass sie sich auf eine einfache Ja-Nein-Frage reduzieren ließen. Aus genau diesem Grund entscheidet man sich schließlich für eine repräsentative

Demokratie, in der man Fachleute damit beauftragt, sorgfältig austarierte Kompromisse im Interesse aller Bürger auszuhandeln.

Wie funktionieren nun aber Petitionen, Volks- und Bürgerentscheide? Beginnen wir zunächst einmal mit der Petition. Sie findet auf Bundesebene statt und das Recht dazu wird jedem Bürger im Grundgesetz zugesichert (Artikel 17). Bürger können sich also jederzeit mit Bitten, Anträgen oder Beschwerden an das Parlament, den Bundestag, die Landtage oder auch an jede Behörde wenden. Die jeweiligen Empfänger sind gesetzlich dazu verpflichtet, jede Petition entgegenzunehmen und zu beantworten – die Pflicht, ihr nachzukommen, besteht hingegen selbstverständlich nicht. Entgegengenommen wird die Petition zunächst vom Petitionsausschuss des Bundestages, auch die einzelnen Länder haben Petitionsausschüsse. Der Ausschuss prüft den Sachverhalt und auch, ob die Petition bestimmte Kriterien erfüllt. Diese sind sehr grundlegender Natur: Es geht zunächst nur darum, solche Anträge auszusortieren, die als Petition keinerlei Relevanz haben, so zum Beispiel Schreiben, die der Beleidigung dienen, einfach generelle Unzufriedenheit ausdrücken oder aber an eine andere Stelle gerichtet werden sollten, z. B. an die örtliche Polizei. Ist dies der Fall, wird die Petition abgelehnt, wogegen der Petent allerdings Widerspruch einlegen kann, woraufhin die Petition erneut geprüft werden muss. Wenn die Petition aber als stichhaltig anerkannt wird, leitet der Petitionsausschuss weitere Maßnahmen ein. Dies kann zunächst in Form von Aufklärung oder Raterteilung geschehen, es können aber auch Dokumente zur Verfügung gestellt werden, wenn einem Anliegen damit bereits geholfen werden kann. Manchmal stellt der Ausschuss jedoch auch fest, dass eine Behörde oder Verwaltungsorganisation tatsächlich unangemessen gehandelt hat, und tritt dann an die entsprechende Stelle heran. Dies geschieht häufig, wenn Bürger sich mit einem bestimmten, ihre persönliche Situation betreffenden Anliegen an den Ausschuss wenden, weil sie in irgendeiner Form einen speziellen, aus dem Rahmen fallenden Einzelfall darstellen. Denn bei aller gesetzgeberischen Gewissenhaftigkeit gibt es immer Fallkonstellationen einzelner Bürger, denen die Gesetze und Verordnungen nicht angemessen Rechnung tragen, weil sie vom Gesetzgeber so nicht unbedingt vorhersehbar waren. Damit kann dann eine unverhältnismäßige Härte oder Benachteiligung einhergehen, die sich über den Weg einer Petition möglicherweise korrigieren lässt, da hier die Verfahrensvorschriften oder Fristen einzelner Behörden nicht gelten. Deshalb wird der Petitionsausschuss oft auch als „Kummerkasten der Nation" bezeichnet, wie Wolfgang Ismayr in seinem Buch „Der Deutsche Bundestag" bemerkt. Aber auch im weitergreifenden Maßstab wenden sich Bürger per Petition an ihre Regierung. Es gibt sogenannte Sammelpetitionen, die über Unterschriftenlisten Unterstützer für ihr Anliegen suchen, oder Massenpetitionen, bei denen mehrere Anträge zum gleichen Sachverhalt eingehen. Diese Petitionen zielen in der Regel auf Gesetzesänderungen ab, die die Allgemeinheit betreffen, und der Bundestag stellt mittlerweile eine benutzerfreundliche und leicht zu organisierende Möglichkeit der Petitionseinreichung zur Verfügung, nämlich die Onlinepetition. Aktive Bürger müssen also nicht mehr mit Unterschriftenlisten von Tür zu Tür ziehen oder sich auf Wochenmärkten postieren, sondern können ein Anliegen bequem online einstellen und Unterstützer zur Unterzeichnung aufrufen. Unterschreiben genügend Bürger für eine solche Petition und wird sie vom Ausschuss als relevant und möglich bewertet, informiert er den Bundestag und kann unter anderem vorschlagen, dass dieser die Petition zur Berücksichtigung oder als Material für Erwägungen und Überlegungen an die Bundesregierung weitergibt. Das klingt zunächst alles wenig verbindlich und tatsächlich lässt sich daraus erst einmal keinerlei Handlungsverpflichtung für Gesetzgeber und Regierung ableiten. Aber: Der Druck der Öffentlichkeit darf nicht unterschätzt werden. Treten genug Menschen energisch, öffentlich und nachdrücklich für eine Sache ein, die gesetzeskonform und legitim ist, so wird es den Gesetzgebern sehr schwerfallen, sich dagegen zu wehren, denn schließlich sind sie berufen, den Willen des Volkes umzusetzen. Ebenso stehen sie unter öffentlicher Beobachtung, das heißt, wenn die Bürger Deutschlands ein berechtigtes Anliegen ausdrücklich vorbringen und die von ihnen gewählten Vertreter dem nicht nachkommen, dann werden sie eben nicht wiedergewählt. Die Macht des Volkes und seiner öffentlichen Stimmen zeigt sich in diesen Fällen sehr deutlich und es gibt zahlreiche Erfolgsbeispiele, auch aus der jüngsten Vergangenheit. 2018 starteten beispielsweise zwei junge Frauen eine Petition, in der sie forderten, dass die Mehrwertsteuer auf Tampons von 19 % auf 7 % gesenkt werden soll, da es sich dabei nicht um einen Luxusartikel handle. Mit Erfolg: Ab 2020 werden die Menstruationsartikel normal besteuert. Dass Petitionen auch im ganz großen Stil erfolgreich sein können, zeigt ein weiteres Beispiel: Mehr als 145.000 Unterzeichner sorgten dafür, dass die Krankenkassenbeiträge für Selbstständige mit geringem Einkommen seit 2019 angepasst werden. Und selbst auf EU-Ebene lässt sich auf diesem Wege etwas erreichen: Aufgrund der Forderung von mehr als 100.000 Petenten hat das Parlament erstmals verbindliche Regeln für die Transparenz in der Lobbyarbeit in der EU aufgestellt. Übrigens: Man muss kein wahlberechtigter Staatsbürger sein, um sich per Petition an die Verantwortlichen in Deutschland zu wenden: Auch Kinder, Ausländer oder Staatenlose haben dazu das Recht und müssen gehört werden.

Auf Länderebene steht den Bürgern ein noch durchsetzungsstärkeres Beteiligungsinstrument zur Verfügung, der Volksentscheid. Die einzelnen Länder haben unterschiedliche Detailregulierungen dafür ausgearbeitet, die Grundidee und das Grundprozedere sind jedoch vergleichbar. Um den Vorgang anschaulicher darstellen zu können, soll exemplarisch der Prozess eines solchen Verfahrens in Bayern erläutert werden, welches auch das "volksentscheidsfreudigste" Bundesland ist. Gezeigt wird die Vorgehensweise am Beispiel des Volksentscheids über das Nichtrauchergesetz aus dem Jahr 2009. Ein solches Verfahren orientiert sich in der Regel entlang dreier Schritte: dem Antrag bzw. der Volksinitiative, dem Volksbegehren und dem Volksentscheid. Am Anfang jedes solchen Verfahrens steht die Volksinitiative, das heißt, Bürger stellen den Antrag, über einen bestimmten Sachverhalt abstimmen zu dürfen. Dieser wird dann auf seine grundsätzliche rechtliche Zulässigkeit geprüft. Wenn Grundgesetz, Bundesgesetze oder andere übergeordnete Gesetze keinen Widerspruch ergeben, wird der Antrag zugelassen. Dies ist also keine Ermessensfrage einer Behörde oder des Landesparlaments, ob sie den Bürgern gerne erlauben möchten, darüber zu entscheiden, vielmehr haben die Bürger das Recht, dies für sich einzufordern – solange sie sich im Rahmen der Gesetzmäßigkeit bewegen. In Bayern muss ein solcher Antrag von mindesten 25.000 stimmberechtigten Bürgern unterschrieben werden, in anderen Ländern gelten abweichende Zahlen. Nun kommt es zum zweiten Schritt, dem Volksbegehren. Hier werden Unterschriften gesammelt, und zwar zunächst nur dafür, dass die Bürger überhaupt über die entsprechende Frage abstimmen dürfen. Innerhalb eines festgelegten Zeitrahmens – in Bayern 14 Tage – muss eine bestimmte Anzahl an Unterschriften gesammelt werden, in Bayern werden die Unterschriften von mindestens 10 % der Wahlberechtigten verlangt. In unserem Fall haben sich also mehr als 10 % aller Wahlberechtigten in Listen eingetragen, um damit ihren Willen kundzutun, die Bürger grundsätzlich über die Frage des Rauchverbots abstimmen zu lassen. Wird dieses Quorum erreicht, so ist das Volksbegehren rechtsgültig. Nun gibt es zwei Möglichkeiten: Entweder der Landtag nimmt dieses Begehren zur Kenntnis und setzt das entsprechende Gesetz von selbst in die Tat um oder, wenn er dies nicht tut, kommt es im letzten Schritt zum Volksentscheid. Hier werden nun alle Bürger aufgerufen, über die

Frage an sich abzustimmen. Eine Mehrzahl an Ja-Stimmen bedeutet, dass das Begehren erfolgreich war, eine Überzahl der Nein-Stimmen lässt es scheitern. 61,0 % der bayerischen Bürger stimmten für eine Veränderung des Nichtraucherschutzgesetzes, womit der Volksentscheid erfolgreich war. Die so zustande gekommene Entscheidung ist rechtlich bindend und gleichwertig mit einem Parlamentsbeschluss. Es gibt jedoch noch eine zusätzliche Bedingung für den Fall, dass über Verfassungsänderungen abgestimmt werden soll: Hier wird ebenfalls eine Mehrheit verlangt, allerdings müssen die Ja-Stimmen zusätzlich mindestens 25 % aller Stimmberechtigten umfassen. So soll vermieden werden, dass eine engagierte Minderheit eine Verfassungsänderung nur deshalb durchsetzen kann, weil die Mehrheit eine zu große Gleichgültigkeit an den Tag gelegt hat.

Volksentscheide können übrigens nicht nur direkt aus dem Volk angeregt werden, sondern auch das Parlament kann bestimmen, dass bezüglich einer bestimmten Frage die Bürger direkt entscheiden sollen. Verpflichtend ist dies ebenfalls bei Verfassungsänderungen.

Bürgerentscheide funktionieren nun nach ganz ähnlichen Prinzipien, finden allerdings auf Kommunalebene statt. Da sie in kleinerem Rahmen erfolgen und oft sehr konkrete Forderungen vorbringen, gibt es sie deutlich häufiger als die Volksbegehren auf Länderebene. Typische Anliegen für solche Begehren auf Kommunalebene sind einzelne Fragen zur Bebauung von städtischen Flächen, zur Standortwahl eines Flüchtlingsheims, zu Energiewendeprojekten oder zur kommunalen Schulpolitik.

Mit diesen Werkzeugen haben die Bürger auf den unterschiedlichen Ebenen der Bundesrepublik starke Mittel zur Verfügung, um ihren Willen auszudrücken und durchzusetzen – zusätzlich zur Macht, die sie ohnehin durch die Wahl ihrer politischen Repräsentanten ausüben. Zu dieser Macht sind die Petitionen und Entscheide eine wertvolle und auch sinnvolle Ergänzung, da hiermit notfalls die Lücke zwischen ausdrücklichem Wählerwillen und wahrgenommenem Wählerwillen geschlossen werden kann. Auch hat sich gezeigt, dass Bürger, die auf diese Art direkt Einfluss nehmen können und die Erfahrung machen, damit auch eine tatsächliche Wirkung zu erzielen, generell mehr Zutrauen in ihre Politik und Demokratie haben. Solche Instrumente direkter Beteiligung wirken also ganz unmittelbar der oft beklagten oder zumindest befürchteten Politikverdrossenheit entgegen und schaffen ein gutes Gleichgewicht zwischen der repräsentativen Demokratie unseres Bundesstaates und direkten Partizipationselementen.

GEWERKSCHAFTEN UND VERBÄNDE

Neben der direkten politischen Einflussnahme über Wahlen oder direkte Partizipationselemente gibt es noch weitere Möglichkeiten, sich als Bürger direkt einzumischen in die Gestaltung unseres Landes. Abseits des streng geregelten politischen Umfelds bieten hierzu vor allem Verbände und Gewerkschaften die Gelegenheit. Das Recht, solche Zusammenschlüsse zu bilden, um gemeinsame Interessen effektiver durchsetzen zu können, garantiert den Deutschen einmal mehr ihr Grundgesetz. Artikel 9 besagt: „Alle Deutschen haben das Recht, Vereine und Gesellschaften zu bilden.“. Und so ist Deutschland auch bekannt als das „Land der Vereine“, von denen es derzeit mehr als 600.000 gibt. Während die meisten davon eher private Hobbys organisieren, gibt es ebenso eine große Zahl an sogenannten Interessensverbänden, die gezielt an Öffentlichkeitsarbeit und politischer Einflussnahme interessiert sind. Hier schließen sich Bürger zusammen, um ein bestimmtes, geteiltes Interesse zu vertreten oder um den Interessen einer bestimmten Gruppe Gehör zu verschaffen. Grob unterteilen lassen sich die Verbände in fünf Gruppen: 1. Vereinigungen aus dem Wirtschafts- und Arbeitsleben, z. B. Deutsche Industrie- und

Handelskammer, Deutscher Gewerkschaftsbund, Verbraucherverbände; 2. Sozial orientierte Zusammenschlüsse, z. B. Caritas, Rotes Kreuz; 3. Sport- und Freizeitverbände, z. B. Sportvereine, Hobbyvereine; 4. Kultur- und wissenschaftsorientierte Verbände, z. B. Verband der Historiker, Literaturverbände; 5. Gesellschaftspolitisch orientierte Zusammenschlüsse, z. B. Amnesty International, Internationale Gemeinschaft für Menschenrechte. Und diese Verbände haben durchaus großen Einfluss: Sie gestalten aktiv politische Entscheidungsprozesse mit und sorgen dafür, dass bei der Gesetzgebung die Interessen der jeweils von ihnen vertretenen Gruppe berücksichtigt werden. Dies tun sie auf unterschiedliche Art und Weise. Ein wichtiger Aspekt ist die Öffentlichkeitsarbeit, wo die Bevölkerung beispielsweise durch Informationskampagnen, Werbung oder Demonstrationen auf die Ziele der Verbände und auf mögliche Missstände aufmerksam gemacht wird. Das so geweckte Interesse der Bürger wird dann genutzt, um Forderungen und Anregungen gegenüber der Politik Nachdruck zu verleihen. Oft geschieht dies auch über eine Zusammenarbeit mit Parteien. Interessenverbände unterstützen diese dann beispielsweise im Wahlkampf und setzen sich dafür ein, dass ihre Absichten im jeweiligen Parteiprogramm berücksichtigt werden. Außerdem mischen sie auch direkt in der Politik mit, indem sie Mitglieder aus ihren Reihen unterstützen, die einer Partei angehören und sich um Mandate bemühen. Werden diese dann zu Abgeordneten gewählt, arbeiten sie in den entsprechenden Fachausschüssen, wo sie ihre Interessen vertreten, aber ebenso Kompetenz und Fachwissen einbringen können. So finden sich im Landwirtschaftsausschuss Vertreter der Bauernverbände, im Sozialausschuss Gewerkschaftsmitglieder etc. Auch, wenn sie keine eigenen Abgeordneten in den Reihen des Parlaments haben, treten sie mit Regierung und Ministerien in Kontakt und werden oft auch zur fachlichen Beratung herangezogen. Und letztlich läuft über die Verbände auch zu großen Teilen eine Form der Einflussnahme, die viele

Deutsche oft kritisch sehen: die Lobbyarbeit. Deren Teilnahme an Politik- und Regierungsarbeit sehen die Geschäftsordnungen von Bundestag und Regierung jedoch ausdrücklich vor, und zwar aus gutem Grund: Immerhin handelt es sich bei diesen Interessenvertretern um Fachpersonal für die jeweilige Zielgruppe einer Gesetzesinitiative. Es macht also durchaus Sinn, beispielsweise Vertreter der Energiewirtschaft miteinzubeziehen, wenn man etwa den Kohleausstieg plant. So lässt sich im Voraus sicherstellen, dass Gesetze nicht fehlerhaft oder unzureichend sind und sofortiger Überarbeitung bedürfen. Außerdem lässt sich abklären, ob bestimmte Maßnahmen mit der Lebensrealität der betroffenen Menschen letztlich vereinbar sind oder ob deren Situation in unzumutbarem Maße beeinträchtigt wird. In den einzelnen Verbänden wird nun – manchem Skandal zum Trotz – auf grundlegendste Art Demokratie betrieben. Beitreten kann jeder, der das entsprechende Interesse verfolgt, und gemeinsam filtern die Mitglieder eines Verbandes schließlich die Kerninteressen und -ansprüche der vertretenen Gruppe heraus. Sie schaffen einen Rahmen, der zudem ermöglicht, diese Interessen an die relevanten Stellen heranzutragen – Stellen, die dem Einzelnen kaum zugänglich wären. Zudem bündeln sie den Willen vieler und können mit ganz anderem Gewicht sprechen, als wenn dies betroffene Einzelpersonen täten. Auch sind Verbände nicht etwa völlig frei agierende Gruppierungen, innerhalb derer man schalten und walten könnte, wie es einem beliebt, sondern ganz im Gegenteil: Das Bürgerliche Gesetzbuch stellt klare Mindestanforderungen an offiziell anerkannte Vereine. Dies betrifft den Aufbau, die Organisation und die Rechte der einzelnen Mitglieder. So sind wenigstens sieben Gründungsmitglieder und eine präzise Satzung erforderlich und ein Vorstand muss demokratisch gewählt werden. Leitungsorgane wie Vorstand und Präsidium überwachen die Vereinstätigkeiten, die Mitglieder befassen sich in Ausschüssen oder Arbeitskreisen mit der Verwirklichung der Verbandsziele. Auf diese

Weise können also Einzelne sich in die Gestaltung der politischen und gesellschaftlichen Realität Deutschlands einbringen und durch den Kontakt zu höchsten Regierungskreisen wirken Interessenverbände ganz unmittelbar und direkt daran mit, den tatsächlichen Willen der Bürger in Gesetzgebung und Regierung ausdrücken zu lassen. Damit bei all der Einflussnahme Transparenz und Rechtsstaatlichkeit nicht unter die Räder kommen, führt der Bundestag eine öffentlich einsehbare Lobbyliste, auf der all jene vermerkt sind, denen als Lobbyisten Zugang zum Bundestag gewährt wird.

Gewerkschaften nehmen nun noch einmal eine Sonderstellung innerhalb des komplexen Gefüges der Bürgerinteressenvertretung ein. Sie sind ganz explizit von Arbeitnehmern für Arbeitnehmer (bzw. genau gesagt: abhängige Erwerbstätige) und kümmern sich darum, Arbeitsbedingungen zu regeln, etwa Bezahlung, Urlaubsansprüche oder Arbeitszeiten. Sie handeln Tarifverträge aus und sorgen dafür, dass bestehenden Ansprüchen auch nachgekommen wird. Durch die schiere Zahl ihrer Mitglieder hat die Stimme der Gewerkschaften in Deutschland veritables Gewicht und kann somit auch im Konfliktfall Unternehmen und Politik herausfordern, beispielsweise durch Streiks. Allgemein wirken sie auf politische Entscheidungsprozesse direkt mit ein, vor allem im sozialen oder wirtschaftlichen Bereich vertreten sie hier nachdrücklich die Interessen all derer, die hinter ihnen versammelt sind. Auch einzelne Arbeitnehmer, deren Rechte nicht respektiert werden oder denen Ansprüche verwehrt werden, können von den Gewerkschaften Unterstützung erhalten. Der Dachverband der Gewerkschaften ist der DGB, der Deutsche Gewerkschaftsbund, unter dem sich verschiedene Einzelgewerkschaften versammeln, wie beispielsweise die IG Metall, ver.di oder die Gewerkschaft der Polizei. Ihr rechtlicher Rahmen bzw. Aufbau ähnelt dem von Parteien – auch hier gelten innerhalb der Gewerkschaften demokratische Prinzipien – und Mitglied werden kann jeder, der einen Aufnahmeantrag stellt und

Mitgliedsbeitrag zahlt. Gewerkschaften haben übrigens in Deutschland eine lange Geschichte, bereits vor etwa 150 Jahren formierten sich die ersten, ab ca. 1880 gehörten sie dauerhaft zur betrieblichen und politischen Landschaft in Deutschland. Während der NS-Zeit wurden die freien Gewerkschaften dann von den Nationalsozialisten zerschlagen, führende Mitglieder wurden verfolgt, verhaftet und ermordet. Im wiederaufgebauten Deutschland kamen sie zu neuem Einfluss und Recht und sind bis heute eine mächtige Vertretung der abhängig arbeitenden Bevölkerung.

DIE PARTEIENLANDSCHAFT DER BUNDESREPUBLIK

Kommen wir nun im letzten Kapitel dieses Abschnitts zum Herzstück jeder Demokratie: den Parteien. Ihre Existenz und vor allem deren Vielfalt sind Gradmesser der demokratischen Verhältnisse eines Landes. Eine weitgefächerte Parteienlandschaft, in der die unterschiedlichen Parteien auch tatsächlich reelle Chancen haben, sich und ihre Ziele zu präsentieren und Wähler zu gewinnen, trennt wirkliche Demokratien von solchen, in denen zwar Wahlen abgehalten werden, letztlich aber nur eine Partei tatsächlich wählbar ist oder Regierungsaufträge übernehmen darf. Beruhigend also, dass der Wähler in Deutschland aus einem bunten Strauß unterschiedlichster Parteien pflücken kann. Es gibt eine große Zahl an Klein- und Kleinstparteien, jedoch besteht auch bei den größeren tatsächliche Vielfalt, die den unterschiedlichsten Ansichten und Meinungen Vertretungsangebote macht.

Derzeit sind sieben davon im Bundestag vertreten: CDU, SPD, AfD, FDP, DIE LINKE, GRÜNE und CSU. Regiert wird mit einer Großen Koalition aus CDU/CSU und SPD. Das sind Buchstabenkürzel, die in Deutschland wohl jedem ein Begriff sind, doch wofür stehen die einzelnen Parteien nun ein und woraus genau besteht eigentlich ihre Arbeit? Dieses Kapitel möchte nun einen Blick auf die Parteienlandschaft der deutschen Politik werfen und Arbeitsweise, -auftrag sowie Organisationsstruktur dieser Zusammenschlüsse genauer unter die Lupe nehmen.

Beginnen wir zunächst einmal mit der Vorstellung der einzelnen Parteien. Am zahlreichsten im Bundestag vertreten ist derzeit die CDU, die Christlich-Demokratische Union. Seit ihrer Gründung 1950 ist sie, was Wahlerfolge und die Dauer der Regierungsbeteiligung angeht, die erfolgreichste Partei Deutschlands. Auch der erste Kanzler der Bundesrepublik stammte aus ihren Reihen und mit Konrad Adenauer verbinden die Deutschen bis heute den Aufbau und den Aufschwung ihres Landes aus den Trümmern des Zweiten Weltkriegs. Adenauer, später Helmut Kohl und nun Angela Merkel prägten bzw. prägen die politischen Geschicke der Republik in außergewöhnlicher Weise, auch aufgrund der langen Regierungsperioden. Die CDU ist eine klassische Volkspartei mit Unterstützern aus verschiedensten Bevölkerungsschichten und -gruppierungen, weswegen sie auch als Sammlungspartei – vornehmlich aus dem christlich-bürgerlichen Lager – bezeichnet wird. Das erste Grundsatzprogramm wurde 1978 verabschiedet, durch die häufige und langanhaltende Regierungsbeteiligung ist das Parteihandeln allerdings vor allem durch Impulse, die sich aus dem Regierungsgeschäft ergeben, geprägt. Konservative, liberale und christlich-soziale Wurzeln bilden jedoch bis heute die Grundlage allen Parteihandelns. Die soziale Marktwirtschaft, die heute Deutschlands wirtschaftliche und soziale Grundlage bildet, wurde von der CDU ganz entschieden mitgeprägt und vereint liberale Ansätze, die Erfolg durch Wettbewerb garantieren sollen, mit sozialstaatlicher Tradition. In Bezug auf das Familienbild herrschen eher konservative Ansichten vor, die sich allerdings gerade in der letzten Zeit zunehmend Richtung Modernisierung hin auflockern. Generell waren die bisherigen Merkel-

Jahre durch fortwährende Modernisierungsprozesse gekennzeichnet, die mit einer stärkeren Orientierung Richtung politischer Mitte einhergingen – was am rechten Rand den Anschluss erschwerte und somit der AfD einen Freiraum im Parteienspektrum ließ, den diese füllen konnte. Was die Organisation der Partei anbelangt, ist eine stark föderalistische Struktur erkennbar, ebenso stützt sie sich auf die breiteste Mitgliederbasis aller deutschen Parteien. Allerdings musste sie im vergangenen Jahr Einbußen bei der Mitgliederzahl hinnehmen, im November 2019 gab es deutschlandweit 407.350 Christdemokraten. Parteivorsitzende ist derzeit Annegret Kramp-Karrenbauer, gemeinsam mit Generalsekretär Paul Ziemiak bildet sie das Präsidium der CDU.

Die SPD (Sozialdemokratische Partei Deutschlands) ist nun die zweite der beiden großen Volksparteien Deutschlands und die älteste, heute noch bestehende Partei. Ihre über 150-jährige Geschichte begann sie bereits im Kaiserreich, wo ihr als Arbeiterpartei jedoch die Beteiligung an der Staatsmacht verwehrt blieb. Erst 1970 gelang ihr auf Bundesebene eine Mehrheit, seitdem stellte sie insgesamt 20 Jahre lang den Bundeskanzler. Bis 1959 hielt sie am Marxismus fest und öffnete sich dann mit dem Godesberger Programm weiten Teilen als tatsächliche Volkspartei. Erst damit waren die Weichen für bundesweite Erfolge gestellt, davor hatte die Partei dem marktwirtschaftlich erzeugten Wirtschaftswunder unter Federführung der CDU nicht viel entgegenzusetzen. Mit dieser programmatischen Öffnung gelang es der SPD, weitere Wähler aus der aufstrebenden Mittelschicht zu gewinnen, was ihr 1969 erstmals ermöglichte, den Kanzler zu stellen: Willy Brandt. Er gehört zu einer der herausragenden Figuren der deutschen Politik des Jahrhunderts, direkt im Anschluss übernahm sein Parteikollege Helmut Schmidt die Regierungsführung. 1998 kam dann Gerhard Schröder an die Macht, der mit den Hartz-Gesetzen sowie der Agenda 2010 marktliberale Reformprogramme einleitete, die seine relativ unvorbereitete Partei überforderten. Seitdem befindet sich die SPD, was Ergebnisse bei Bundestagswahlen angeht, im Abschwung, was sich auch in häufigen Wechseln der Führungsspitze zeigt. Als mitgliederbasierte Partei ist die Führung in höherem Maße von der Parteibasis abhängig, die im Vergleich mit beispielsweise der CDU deutlich mehr Mitspracherechte hat. Inhaltlich hält die Partei nach wie vor an den Werten der Freiheit, Solidarität und Gerechtigkeit fest – den Wurzeln ihrer Existenz als mächtiger Fürsprecher der Arbeiterschaft. Zunehmend integrierte sie auch umweltpolitische Themen in ihr Parteiprogramm. Ende 2019 besaßen ca. 419.300 Bürger das rote Parteibuch – auch hier gab es Einbußen –, den Parteivorsitz teilen sich derzeit Saskia Esken und Norbert Walter-Borjans.

Die Partei mit den drittmeisten Sitzen im derzeitigen Bundestag ist gleichzeitig die jüngste der dort vertretenen Parteien: die AfD (Alternative für Deutschland). Gegründet wurde sie erst im Jahre 2013 unter der Federführung des Volkswirtschaftsprofessors Bernd Lucke. Die Partei entstand zunächst vor allem aus der Kritik am System der Euro-Währungsunion heraus. Liberale marktwirtschaftliche Positionen in Kombination mit gesellschaftlich-politischem Konservativismus bildeten die gemäßigte ideologische Grundlage der Partei, in der jedoch auch bald die ersten rechtspopulistischen Positionen Verankerung fanden. Nach der Übernahme der Parteileitung durch Frauke Petry und Luckes Rückzug schärfte sich ein verstärkt rechtskonservatives Profil der Partei, das vor allem auf den Auswirkungen der im Jahre 2015 eintretenden Flüchtlingskrise aufbaut. Mittlerweile wird die AfD von Alexander Gauland und Jörg Meuthen geführt, innerparteilich prägen vor allem Lagerbildung und Richtungsstreitigkeiten das Klima. Dies ist zum einem dem Entstehungsprozess einer jungen Partei mit unerfahrenem Personal geschuldet, zum anderen der Aufspaltung in ein gemäßigt rechtspopulistisches und ein extremistischeres Lager. Programmatische Grundlagen der AfD sind asyl- und zuwanderungskritische Positionen, konservative Ansichten in

Gesellschafts- und Familienpolitik, Establishment-feindliche Positionen sowie der Anspruch, den unverfälschten Willen des Volkes zum Ausdruck zu bringen, was mit Forderungen nach verstärkter direkter Demokratie einhergeht. Das wirtschaftspolitische Profil der Partei ist bislang nicht sonderlich geschärft, Befürworter einer marktliberalen Ordnung stehen den Anhängern einer sozialpopulistischen Wirtschaftsaufstellung entgegen. Die AfD hat in den vergangenen Jahren zunehmend an Unterstützung gewonnen, sowohl auf Landes- als auch auf Bundesebene. Vor allem in den neuen Bundesländern genießt sie hohes Ansehen, konnte sich aber auch gesamtdeutsch bei der letzten Bundestagswahl sehr gut positionieren. Die Partei ist stark mitgliederbasiert und verbindet diesen Ansatz mit ausgeprägter Veränderungs- und Bewegungsstimmung. Nicht selten wird sie als Protestpartei bezeichnet, die sich ja auch tatsächlich aus dem Willen zum Widerspruch gegen bestehende Verhältnisse heraus formiert hat. Die Wähler der AfD sind vornehmlich Männer im mittleren Alter, eine besondere Beliebtheit unter bestimmten Berufsgruppen ist nicht auszumachen, Beobachtungen zeichneten jedoch verstärkte Zustimmung unter abstiegsgefährdeten Bürgern auf.

Kommen wir nun zu einer Partei, die zur AfD zunächst dadurch im Gegensatz steht, dass sie die älteste der kleineren Parteien im Bundestag ist: die FDP (Freie Demokratische Partei). Sie ist nicht nur seit Langem dabei im Bundestag, sondern auch außerordentlich erfolgreich: Was die Jahre in der Regierungsbeteiligung angeht, übertrifft sie sogar die Großparteien CDU und SPD, was sie ihrer Schlüsselrolle in den jeweiligen Koalitionsbildungen verdankt. Auch zwei Bundespräsidenten kamen aus den Reihen der FDP, nämlich Theodor Heuss und Walter Scheel. Ihr Profil schärft die Partei vor allem durch ihre Wirtschaftskompetenz, die Ausrichtung ist hier klar wirtschaftsliberal. Die FDP saß bis 2013 durchgehend im Bundestag, bei dieser Wahl scheiterte sie dann erstmals knapp an der 5-Prozent-Hürde.

Bereits bei der nächsten Wahl gelang ihr jedoch der Wiedereinzug ins Parlament, nachdem sich die Partei in der Zwischenzeit unter der Führung des noch jungen Parteivorsitzenden Christian Lindner programmatisch moderner ausgerichtet hatte. Themen wie Digitalisierung und Bildung sollen vor allem die junge Wählerschaft ansprechen, die Kernkompetenz bleibt jedoch die Wirtschaftspolitik. In der Flüchtlingsfrage ebenso wie in der Europapolitik vertritt die FDP eher konservative Positionen. Sie war nie eine mitgliederstarke Partei und auf Landesebene stark unterschiedlich erfolgreich, was in erster Linie daran liegt, dass sie kaum über Stammwähler verfügt. Ihre Erfolge hängen in erster Linie mit ihrer Beantwortungsfähigkeit aktueller politischer Fragen zusammen und die einzelnen Landesverbände agieren sehr unabhängig. Auch, wenn die FDP nach der Lindnerschen Verjüngungskur verstärkt die Unterstützung junger Wähler genießt, rekrutiert sich der größte Teil der Wählerschaft nach wie vor aus dem Bereich der einkommensstärkeren Bürger.

Im Parteienspektrum auf der anderen Seite ist DIE LINKE angesiedelt, welche in dieser Form erst seit dem Jahr 2007 besteht. Damals schlossen sich die beiden Kleinparteien „Partei des Demokratischen Sozialismus“ (PDS) und die „Partei Arbeit & soziale Gerechtigkeit – Die Wahlalternative“ (WASG) zur heutigen Partei zusammen. Die WASG war zuvor in den westdeutschen Bundesländern als Sammelbecken unzufriedener Ex-SPDler und Gewerkschaftsmitglieder aus Protest gegen die Politik der damaligen rot-grünen Regierung entstanden, die PDS hingegen war in den ostdeutschen Bundesländern Nachfolgerin der DDR-Partei SED. Erfolge hatte die PDS als Protestpartei im Osten auf regionaler Ebene unter denjenigen, die mit den Auswirkungen der Systemveränderungen nach dem Ende der DDR unzufrieden waren und als kommunistisch orientierte Partei übernahm sie die Funktion einer kapitalismuskritischen Opposition. Der Zusammenschluss dieser beiden linken Parteien wurde maßgeblich geleitet von Oskar Lafontaine, unter dessen Führung Die Linke bei der Bundestagswahl 2009 8,3 % der Wählerstimmen erringen konnte. An diesen Erfolg konnte die Partei seitdem nicht mehr anknüpfen und mit dem Erstarken der AfD verlor sie auch in ihrem Stammgebiet – den ostdeutschen Bundesländern – viel Unterstützung. Personelle Differenzen und Richtungsstreitigkeiten haben in den letzten Jahren zu Krisensymptomen geführt, Streitigkeiten entzünden sich vor allem an der Frage, wie grundsätzlich das kapitalistische System zu überwinden sei und auch an der Positionierung gegenüber der DDR-Vergangenheit. Zudem macht der Partei das hohe Durchschnittsalter ihrer Mitglieder zu schaffen, trotzdem scheint ihre Existenz als bundespolitische Kraft derzeit keineswegs in Gefahr. Ihr Programm zeichnet sich heute durch kapitalismusfeindliche Positionen aus, ebenso durch die konsequente Ablehnung von Militäreinsätzen sowie durch weitgreifende Forderungen im Bereich der Sozialpolitik. Die Organisationsstruktur der Linken wird vom Delegiertenprinzip bestimmt, Mitgliederentscheide sind allerdings in der letzten Zeit häufiger geworden. Geleitet wird die Partei derzeit von den beiden Parteivorsitzenden Katja Kipping und Bernd Riexinger.

Bündnis 90/Die Grünen sind nun in der Parteienlandschaft Deutschlands eine herausragende Erfolgsgeschichte: Keiner anderen Partei, die sich in der Bundesrepublik neu gegründet hat, sind solche langfristigen Erfolge gelungen wie der ehemaligen Ökopartei. Ihre Wurzeln hat sie in den Studentenbewegungen, den DDR-Bürgerbewegungen und vor allem in der Neuen Sozialen Bewegung der Siebziger, die sich gegen Umweltzerstörung und die zivile und militärische Nutzung der Atomenergie richtete. Zahlreiche zunächst regional bunte und grüne Wählerlisten schlossen sich schließlich 1979 für die Europawahl zur Wählergruppe „Sonstige Politische Vereinigung DIE GRÜNEN“ zusammen, 1980 entstand daraus die bundesweite Partei „Die Grünen“, die wiederum 1993 mit dem „Bündnis 90“ der ostdeutschen Länder zur heutigen Partei „Bündnis 90/Die Grünen" fusionierte. Seitdem konnte die Partei schon in mehreren Bundesländern Regierungsbeteiligung erlangen, 2011 nach dem Reaktorunfall von Fukushima gelang ihr erstmals die Besetzung eines Ministerpräsidentenamtes, und zwar durch Winfried Kretschmann in Baden-Württemberg. Die wahrscheinlich bekannteste Figur der Grünen war der frühere Außenminister und Vizekanzler Joschka Fischer. Den langjährigen Erfolg als Klein- und Oppositionspartei verdankten die Grünen zu einem großen Teil der Tatsache, dass fundamentalistische Kräfte die Partei letztlich verließen und sie sich seitdem vorbehaltlos zur parlamentarischen Demokratie bekennen. Im Zuge der Flüchtlingskrise und den aktuellen Klimaprotesten erlangte die Partei in den letzten Jahren starken Zuwachs, der sich bislang allerdings noch in keiner Bundeswahl hätte niederschlagen können. Was die innerparteiliche Organisation angeht, wird viel Wert auf Machtverteilung und demokratische Prozesse gelegt, obgleich sich – den politischen Notwendigkeiten geschuldet – trotzdem einzelne Führungsfiguren herausbilden. Derzeit werden die Grünen von einer Doppelspitze, bestehend aus Annalena Baerbock und Robert Habeck, geleitet.

Bleibt noch eine Partei übrig, die gleichzeitig eine besondere Stellung innehat: die CSU. Die Christlich-Soziale Union tritt bei Wahlen nur in Bayern an und ist dort erfolgreicher als jede andere deutsche Partei auf Länderebene. Sie regierte von 1966 bis 2008 durchgehend ohne Koalitionspartner und tut dies nach einer Pause seit 2013 erneut. Im Bundestag bildet sie mit ihrer Schwesterpartei CDU eine Fraktion. Durch ihre starke Organisation und direkte Vertretung gelingt es ihr besser als anderen Parteien auf Länderebene, ihre Ansprüche auch im Bundestag durchzusetzen. Die erfolgreiche wirtschaftliche Modernisierung des eher konservativ, katholisch und ländlich geprägten Bundeslandes sicherte der CSU jahrzehntelangen Zuspruch der Bevölkerung und herausragende Figuren wie Franz-Josef Strauß sind heute noch deutschlandweit ein Begriff. Ihr programmatisches Profil ist das einer bürgerlich-konservativen Sammlungspartei, das „C“ in ihrem Namen versteht sie vornehmlich überkonfessionell. Zudem verfolgt die Partei die Absicht der Eigenstaatlichkeit Bayerns. In wirtschafts- und sozialpolitischer Hinsicht ist ihre Zielsetzung nahezu deckungsgleich mit jener der CDU, allerdings ist sie flexibler, was kurzfristig notwendige Richtungswechsel angeht. Ihr Regierungsanspruch ist nach wie vor unangefochten, allerdings verliert sie seit einigen Jahren zunehmend Stimmen an die Freien Wähler und ebenso an die AfD. Angeführt wird die CSU derzeit vom Parteivorsitzenden Markus Söder, nachdem Horst Seehofer sich in die Bundespolitik verabschiedet hat.

Neben diesen Parteien existiert eine Vielzahl von Klein- und Kleinstparteien, deren Stimmenanteil unter der 5-Prozent-Hürde liegt. Im Bundestag sind sie deshalb nicht vertreten, teilweise jedoch in den Länderparlamenten. Derzeit sind beim Bundeswahlleiter 120 Parteien gemeldet, die bundespolitische Beteiligung anstreben, unter anderem Parteien wie die BIW (Bürger in Wut) in Bremen, die Tierschutzpartei „Mensch Tier Umwelt“, die rechtsextreme NPD (Nationaldemokratische Partei Deutschlands), die Piratenpartei mit ihrem thematischen Schwerpunkt im Bereich Internet und Digitalisierung oder die Ökologiepartei ÖDP (Ökologisch-Demokratische Partei).

Wie aber entstehen und funktionieren Parteien überhaupt? Artikel 21 GG bringt die Grundlagen deutlich auf den Punkt. Hier heißt es: „Die Parteien wirken bei der politischen Willensbildung des Volkes mit. Ihre Gründung ist frei. Ihre innere Ordnung muß demokratischen Grundsätzen entsprechen. Sie müssen über die Herkunft und Verwendung ihrer Mittel sowie über ihr Vermögen öffentlich Rechenschaft geben.“. Ihre Hauptaufgabe besteht darin, die politische Willensbildung des Volkes zu ermöglichen und als Vertretungsorgan in die Realität umzusetzen. Sie ermöglichen den Bürgern Beteiligung und Einflussnahme auf die politischen Entscheidungen der Bundesrepublik und sind gewissermaßen das Bindeglied zwischen Bürgern und Regierung. Gründen darf eine Partei übrigens jeder Bürger und auch ihre Themensetzung kann frei gewählt werden, solange sie der freiheitlich-demokratischen Grundordnung unserer Bundesrepublik nicht widerspricht oder sich anderweitig gegen geltendes Gesetz richtet. Auch in ihrem inneren Aufbau ist sie streng an demokratische Grundsätze gebunden, so müssen Ämter und Posten in vorgegebenen Zeiträumen durch demokratische Wahlen seitens der Mitglieder besetzt werden. Ein besonderer Aspekt ist die Parteienfinanzierung. Im Wesentlichen setzen sich die finanziellen Mittel einer Partei aus Mitgliedsbeiträgen, Spenden und Steuergeldern zusammen. Vor allem der letzte Punkt ist stark umstritten und die diesbezügliche Gesetzeslage wurde immer wieder geändert, aber letztlich soll dadurch sichergestellt werden, dass die Parteien – ungeachtet ihrer Größe oder Etabliertheit – ihren Aufgaben auch tatsächlich nachkommen können. Mittlerweile gilt folgende Regelung: Für bis zu vier Millionen Gesamtwählerstimmen erhält eine Partei pro Stimme 0,85 €, für darüber hinaus gehende Stimmen gibt es jeweils 0,70 €. Parteispenden von Privatpersonen sind bis zu einer Höhe von 3300 € jährlich steuerlich absetzbar, wenn Unternehmen spenden, dürfen sie den Betrag allerdings nicht von der Steuer absetzen. Für jeden Euro, den die Partei aus Spenden oder Beiträgen einnimmt, erhält sie vom Staat noch einmal 0,38 €. Allerdings dürfen die Zuwendungen aus staatlichen Mitteln nicht höher als 133 Millionen Euro pro Jahr sein.

NGOs im Abseits staatlicher Strukturen

Nun wurden bereits zahlreiche Institutionen, Ämter, Behörden und Maßnahmen vorgestellt, die das politische und öffentliche Leben in Deutschland regeln und gestalten. Ihnen allen war gemein, dass sie in irgendeiner Form stets eingebunden waren in die staatlichen Strukturen. Daneben gibt es jedoch noch Gestaltungsmöglichkeiten, die explizit außerhalb des staatlichen Kontexts bestehen: die NGOs. Das Kürzel steht für „Non Governmental Organisation", zu Deutsch „Nichtregierungsorganisation" (NRO, allerdings weniger geläufig). Wie die Bezeichnung bereits deutlich macht, schließen sich dort Leute zusammen, die großen Wert darauf legen, ihre Arbeit unabhängig von Staaten, Regierungen oder Regimen auszuführen. Es geht also um zivilgesellschaftliches Engagement in einer weiten Bandbreite von Themenfeldern, das sich in staatsunabhängigen Strukturen organisiert. Dabei gibt es Organisationen, deren Betätigungsfeld sich auf die Bundesrepublik erstreckt, andere hingegen sind weltweit vernetzt und tätig. In ihrer Zielsetzung sind sie so unterschiedlich wie zahlreich: Sie setzen sich für

Entwicklungsarbeit in armen Ländern ein, für die Wahrung von Menschenrechten, für die Sauberkeit der Ozeane, für Artenvielfalt und Tierschutz, für erneuerbare Energien, für Senioren, für die Bildung benachteiligter Kinder, für Kultur und Wissenschaft, für Nachwuchsführungskräfte, für politische Bildung, für Flüchtlinge, für Nahrungsmittelsicherheit, für Gewaltopfer und vieles Weitere. Ihnen gemeinsam ist, dass sie für sich beanspruchen, einen Zweck zu verfolgen, der dem Allgemeinwohl dient, und dass sie zudem von staatlichem Handeln unabhängig sind. Finanziert werden sie in erster Linie über Spenden, aber es fließen auch Steuergelder. Tatsächlich haben viele NGOs heute nicht wenig Einfluss und Macht, was in erster Linie über Öffentlichkeitsarbeit und Bekanntheit funktioniert. So ist es ihnen möglich, ein breites Feld an Unterstützern zu gewinnen, die ab einer gewissen Zahl von den Regierungsverantwortlichen nicht mehr ignoriert werden können. Ihre Arbeit vollzieht sich im Wesentlichen auf drei Ebenen: Zunächst sind sie als Lobbyisten tätig, die durch Informationskampagnen, Demonstrationen oder Protestaktionen Aufmerksamkeit erregen und Forderungen Gehör verschaffen. Daneben wirken sie über Verhandlungsnetzwerke auf weltweite Entscheidungsprozesse ein und sorgen beispielsweise dafür, dass global bestimmte Normen und Standards vereinbart und dann auch eingehalten werden. Zu diesem Zweck können sie weitreichender in verschiedenen Ländern tätig werden, als dies Regierungen oftmals möglich ist: Hier verbitten sich viele Staaten die Einmischung von fremden Regierungen, während für NGOs die Ländergrenzen nicht in demselben Ausmaß gelten – allein schon, weil sie nicht selten dringend benötigte Hilfe bringen. Und schließlich stellen sie ihr oft umfangreiches Expertenwissen sowie Ressourcen, Erfahrungswerte und Kontakte zur Verfügung, mit deren Hilfe anderen – auch staatlichen – Organisationen die Erreichung ihrer Ziele deutlich vereinfacht wird. Mit ihrer Arbeit stehen sie übrigens in einer langen Tradition: Die erste

Vorläuferorganisation wurde bereits im Jahre 1839 gegründet, es handelte sich dabei um die „Anti-Slavery Society“, die sich für die Abschaffung der Sklaverei einsetzte – sie war also in einem auch heute noch typischen NGO-Bereich tätig. Der Begriff der Nichtregierungsorganisationen setzte sich allerdings erst nach dem Zweiten Weltkrieg durch, ihre Zahl stieg dann auch stark an, im Jahre 2015 waren weltweit bereits knapp 9000 solcher Organisationen registriert. Auch in Deutschland gibt es eine Vielzahl, von denen einige fast jedem Bürger ein Begriff sind, bei anderen hingegen handelt es sich eher um unbekannte, oft lokal begrenzte Initiativen.

Und obwohl die meisten NGOs unbestreitbar wichtige, wertvolle und gute Arbeit leisten, sollen einige relevante Kritikpunkte nicht unerwähnt bleiben: So wird zum einen immer wieder moniert, dass die Organisationen sich zwar vom Staat ausdrücklich distanzieren, oftmals aber doch in den Genuss staatlicher finanzieller Zuwendungen kommen. Zudem mangelt es bei einigen NGOs generell an Transparenz, was Geldquellen und damit auch eventuelle Abhängigkeiten angeht. Dies wird beispielsweise der Deutschen Umwelthilfe immer wieder vorgeworfen. Und schließlich handelt es sich bei NGOs nicht selten um milliardenschwere Zusammenschlüsse, die allerdings im Gegensatz zu Parteien oder Regierungen keiner staatlichen Regulierung unterworfen und auch nicht demokratisch legitimiert sind. Die unbestreitbare Macht, die ihre Finanzvorräte sowie ihre globale Vernetzung ihnen verleihen, wird damit nicht in dem Maße vom Volk kontrolliert, wie dies in einer Demokratie prinzipiell wünschenswert ist.

Zum Abschluss wird noch eine Übersicht über die bekanntesten NGOs erstellt, sowohl für in Deutschland tätige Organisationen als auch für solche mit internationalem Einsatzgebiet. Diese Übersicht ist naturgemäß nur ein kleiner Auszug, der die namhaftesten Organisationen nennt und eine Vorstellung der vielfältigen Tätigkeitsfelder vermitteln soll. Wer sich detaillierter informieren möchte, findet im Internet eine Reihe an Listen, beispielsweise erstellt von der Hochschule Augsburg.

In Deutschland tätige bzw. ansässige NGOs:

Arbeiter-Samariter-Bund Deutschland (Gesundheit, Pflege)

DLRG – Deutsche Lebensrettungs-Gesellschaft (Wasserrettung)

DRK – Deutsches Rotes Kreuz (Gesundheit, Pflege)

Deutsche Friedensgesellschaft (Friedensförderung)

Deutscher Kinderschutzbund (Kinderschutz)

SOS Kinderdorf Deutschland (Kinderschutz)

Weisser Ring (Hilfe für Gewaltopfer)

Deutscher Blinden- und Sehbehindertenverband (Blindenhilfe)

Deutscher Verband Frau und Kultur (Frauenförderung)

Kritische Aktionäre (Finanzen und Ethik)

Deutsche Bistümer (Kirchenorganisation)

Deutscher Behindertensportverband (Behindertenhilfe)

International tätige NGOs

Ärzte ohne Grenzen (Medizinische Hilfe)

Oxfam (Armutsbekämpfung)

Misereor (Armutsbekämpfung)

World Vision International (Entwicklungshilfe)

International Physicians for the Prevention of Nuclear War (Ärzte gegen Atomkrieg)

Amnesty International (Menschenrechtsorganisation)

Internationale Liga für Menschenrechte (Menschenrechtsorganisation)

Kolping International (Zivilgesellschaft, Frieden, Entwicklung)

European Blind Union (Blindenhilfe)

Terre des Femmes (Frauenrechtsorganisation)

Facing Finance (Finanzen und Ethik)

Health Action International (Kontrolle von Pharmaziekonzernen)

World Council of Churches (Kirchenorganisation)

International Paralympic Committee (Behindertensportförderung)

Des Weiteren fallen auch Selbsthilfegruppen, Sportvereine, Arbeitgeber- und Arbeitnehmerverbände sowie Gewerkschaften unter die Rubrik „Nichtregierungsorganisation".

Es wird also deutlich, in welch unterschiedlichen Themenfeldern NGOs tätig werden und darin liegt auch einer der Hauptgründe, weshalb sie für eine funktionierende Zivilgesellschaft so wichtig sind: Sie können sich – auch im Kleinteiligen – für spezifische, außergewöhnliche oder oft übersehene Gruppen und Anliegen einsetzen, wie es einer großen staatlichen Struktur kaum möglich wäre. Im Bereich umfassenderer und grundlegenderer Anliegen werden durch die engagierte und größtenteils ehrenamtliche Beteiligung zahlreicher Bürger Werte und Ideale in die Mitte der Gesellschaft getragen und ebenso aus der Mitte der Gesellschaft zu den Mächtigen dieser Welt – den Regierungen, Politikern und Staaten.

Deutschland als Teil Europas

All das Wissen über Deutschland und seine Organisationsstruktur ist eine wichtige Voraussetzung, um das Land und seine Situation im 21. Jahrhundert zu begreifen – um es aber wirklich zu verstehen, muss der Blick deutlich erweitert werden: Deutschland ist nicht denkbar und nicht erfassbar ohne seine internationale Einbettung, allem voran in die Staatengemeinschaft der EU. Die folgenden Kapitel sollen den Fokus erweitern und Licht ins Dunkel der oftmals verwirrenden Zuständigkeiten, Verschränkungen, Pflichten und Verantwortungen bringen.

DIE EUROPÄISCHE UNION

Die EU – so viel lässt sich noch abseits aller Bewertung sagen – ist wohl eine der größten Errungenschaften des europäischen Kontinents aller Zeiten, mindestens eine der revolutionärsten. Sie sorgt dafür, dass für uns heute das Normalität ist, was in den vergangenen Jahrhunderten und sogar Jahrtausenden Menschen auf der ganzen Welt unbekannt war: Jahrzehnte der Sicherheit und des Friedens. Wer heute Kind, junger Erwachsener oder auch frisch verrentet ist, kennt den Krieg nur aus Erzählungen und Geschichtsbüchern. Bomben und Gewehre scheinen uns geradezu surreal, ein Alptraum aus Filmen und Berichten aus fernen Teilen der Welt. Und doch war er auch für unsere Vorfahren nicht weniger als Normalität. Mal vergingen wenige Jahrzehnte, mal nur Jahre, bis der nächste bewaffnete Konflikt unterschiedlicher Größenordnung aufflammte. Kaum jemand wurde alt, ohne Soldaten, Waffen und Schlachten gesehen zu haben, kaum eine Familie hatte keine Kriegsgefallenen zu beklagen. Der Zusammenschluss so vieler Länder zu dem, was wir als Europäische Union bezeichnen, hat in entscheidender Weise dafür gesorgt, dass uns diese Schrecken nun seit 1945 fernblieben. Zeit also, sich einmal genauer mit dieser Vereinigung zu befassen.

Ihren Ursprung hat die Idee der EU letztlich in den beiden Weltkriegen. Nachdem der Zweite Weltkrieg zu Ende war und Deutschland langsam wieder auf die Füße kam, machte man sich vor allem in Frankreich Sorgen um ein erneutes Erstarken des großen Nachbarn im Osten. Nur allzu deutlich stand den Franzosen noch vor Augen, was der erste verlorene Weltkrieg in Deutschland entfacht hatte, und man ersann Strategien, eine Wiederholung der Situation zu vermeiden. Bereits 1950 präsentierte der französische Außenminister Robert Schumann eine Idee: die deutsch-französische Montanunion. Hierbei schlossen die Länder ihre Kohle- und Stahlindustrie zusammen, wobei beide Seiten gewisse Souveränitäten freiwillig aufgaben – ein Novum. Die Auswahl war keinesfalls beliebig, war doch die Schwerindustrie einer der Schlüsselbereiche für die Kriegsführung. Ohne Stahl und Kohle kein Krieg und innerhalb einer solchen Union würde es dem deutschen Partner schwerfallen, unbemerkt erneut aufzurüsten. Für Deutschland indes bot diese Vereinigung die erste Chance, sich dem Westen wieder anzunähern, und sie wurde dankbar ergriffen. Außerdem machte man sich in Westeuropa zunehmend Gedanken darüber, wie man sich nach dem Abzug der Amerikaner gegenüber der Sowjetunion würde behaupten können, da die Lagerbildung des Kalten Krieges sich längst abzuzeichnen begann. Auch aus diesem Grund wurde die Montanunion als offene Gemeinschaft konzipiert, andere Länder waren zum Beitritt ausdrücklich eingeladen – eine Einladung, der Belgien, die Niederlande, Luxemburg und Italien 1951 folgten. Die Europäische Gemeinschaft für Kohle und Stahl (EKGS) war gegründet und trat 1952 in Kraft. Auch, wenn sie sich offiziell nur mit der gemeinsamen Verwaltung der Schwerindustrie befasste, so war ihr Ziel doch nichts weniger als die Sicherung des Friedens in Europa. Als die Kohle allmählich an Bedeutung verlor, beschloss man, die Bindekraft der neugeschaffenen Union durch eine erweiterte Kooperation auf die gesamte Wirtschaft auszudehnen. Im Jahre 1957 wurden in Rom sowohl die Europäische Wirtschaftsgemeinschaft (EWG) als auch die Europäische Atomgemeinschaft (EAG bzw. Euratom) gegründet. Mitglieder waren nach wie vor die sechs EKGS-Länder, Großbritannien hatte zwar in der Zwischenzeit erste Verhandlungen aufgenommen, konnte sich jedoch nicht dazu entschließen, Souveränität aufzugeben. Auch unter den Mitgliedsländern wurde heftig diskutiert, bis letztlich eine für alle zufriedenstellende Einigung erzielt werden konnte. In den 60er Jahren beantragten dann die Briten ihre Aufnahme, allerdings widersetzte sich der französische Präsident Charles de Gaulle und so konnte das Inselreich erst nach dessen Ausscheiden aus der Politik tatsächlich beitreten. Eines der ersten großen gemeinsamen Ziele war die Schaffung einer Zollunion, was 1968 erreicht wurde: Zwischen den Mitgliedsländern herrschte freier Warenverkehr, nach außen gab es gemeinsame Zölle. 1967 wurden zudem die drei bereits bestehenden Unionen zusammengelegt, woraus die Europäische Gemeinschaft (EG) hervorging – die Vorgängerorganisation unserer EU. Ausgestattet wurde sie mit gemeinsamen Institutionen: die Europäische Kommission, der Rat der Europäischen Union und das Europäische Parlament. Schon bald darauf vergrößerte sich die Staatenfamilie: 1973 traten Großbritannien, Dänemark und Irland bei, 1981 Griechenland und 1986 Spanien sowie Portugal. Gerade der Beitritt der drei südlichen Länder wurde als bedeutend für die stabilisierende Verflechtung innerhalb Europas betrachtet, da alle in den letzten Jahren diktatorische Systeme überwunden hatten und dort von wirtschaftlicher und politischer Stabilität keine Rede sein konnte. Der nächste große Schritt war die sogenannte Einheitliche Europäische Akte, die dafür sorgte, dass bis 1993 ein europäischer Binnenmarkt bestand – bis heute Kernelement der EU und vielleicht das Instrument mit der größten Anziehungskraft. Im gleichen Jahr wurde mit anderen europäischen Ländern der Europäische Wirtschaftsraum (EWR) eingerichtet, der den Binnenmarkt auf die Länder innerhalb der bereits bestehenden Europäischen Freihandelszone (EFTA) ausdehnte (Genaueres im folgenden Kapitel). Mit dem Fall der Berliner Mauer und schließlich des gesamten Eisernen Vorhangs kam neue Dynamik in die EG-Angelegenheiten. Entscheidend war der Vertrag von Maastricht, der schließlich die EU begründete, die wir heute kennen. Hierin wurde die bisherige EG ergänzt um eine gemeinsame Innen- und Außenpolitik, um gemeinsame Justizangelegenheiten und ebenfalls um eine gemeinsame Sicherheitspolitik. Zusätzlich beschlossen wurde die Währungs- und Wirtschaftsunion, als deren Konsequenz 1999 der Euro eingeführt wurde. Bis dahin häuften sich bereits die Bewerbungen von potenziellen Beitrittskandidaten und 1995 schlossen Österreich, Schweden und Finnland sich der EU an. 2004 kam es dann zur umfangreichsten Erweiterung um die Staaten Estland, Lettland, Litauen, Polen, Tschechien, Slowakei, Ungarn, Slowenien, Malta und Zypern. Da in weiten Teilen der bisherigen EU gegenüber den neuen Mitgliedern Vorbehalte bezüglich ihres wirtschaftlichen Rückstandes und einer möglicherweise damit verbundenen Arbeitsmigration in den Westen herrschten, bestand die Freizügigkeit bis 2011 nur eingeschränkt. 2007 gesellten sich dann Bulgarien und Rumänien in den Kreis der EU und 2013 folgte schließlich Kroatien. Den Euro als Währung teilen derzeit nicht alle Mitgliedstaaten, lediglich 19, andere arbeiten daran, die Aufnahmekriterien zu erfüllen. Nach dem Austritt Großbritanniens zählt die EU mittlerweile 27 Mitglieder, zudem gibt es mehrere Beitrittskandidaten, die auf Aufnahme hoffen: Albanien, Montenegro, Nordmazedonien, Serbien sowie die Türkei, deren baldiger Beitritt derzeit jedoch zunehmend unwahrscheinlicher wird. Die jüngste große Reform der EU fand 2009 mit dem sogenannten Lissaboner Vertrag statt, der die Handlungsfreiheit und -fähigkeit der EU und ihres Parlaments stärkte, ebenso wie die Möglichkeiten der Einflussnahme sämtlicher EU-Bürger.

Soweit die Geschichte dieses in der ganzen Welt einzigartigen Projekts – aber wie genau funktioniert es nun? Auf welche Art werden in diesem großen, multinationalen Rahmen Beschlüsse gefasst sowie Kompromisse gefunden, welche Rechte und Pflichten ergeben sich aus der Mitgliedschaft und was genau bewirkt die EU eigentlich im Leben jedes einzelnen Bürgers? Um diese hochkomplexen Fragen erschöpfend zu beantworten, wäre mindestens ein weiteres Buch vonnöten, allerdings ist es durchaus möglich, sich auch im Umfang eines Kapitels einen guten Überblick über die Situation Deutschlands und seiner Bürger innerhalb dieses Staatengebildes zu verschaffen. Die wichtigsten Grundzüge werden nun im Folgenden dargelegt.

Zunächst einmal gibt es das demokratische Herzstück der EU: das Europäische Parlament. Im Prinzip funktioniert es wie der Bundestag, mit dem Unterschied, dass die Abgeordneten aus allen Ländern der EU kommen. Dort werden sie in demokratischen Wahlen von den Bürgern gewählt, größere Länder entsenden mehr Abgeordnete, kleinere weniger. Die Wahlen finden alle fünf Jahre statt und das Parlament tagt in Straßburg und Brüssel. Derzeit sitzen dort 705 Abgeordnete, die länderübergreifend in Fraktionen zusammenarbeiten. Diese gliedern sich im Großen und Ganzen wie die entsprechenden Parteien im Bundestag, deutsche Linke sitzen also mit italienischen Linken zusammen, die französischen Sozialdemokraten tun sich mit schwedischen Sozialdemokraten zusammen etc. Das Parlament verabschiedet gemeinsam mit dem Rat der Europäischen Union Gesetze. In diesem Rat treten die Minister aller EU-Länder zusammen und beraten über diese. Ohne Beteiligung dieses Rates, der die Interessen der einzelnen Länder vertritt, ist kein EU-Gesetz möglich, wohingegen das Parlament nicht bei allen Gesetzen ein Mitspracherecht hat. In bestimmten, besonders sensiblen Bereichen können Gesetze nur einstimmig beschlossen werden – wenn also auch nur ein Land nicht einverstanden ist, ist das Gesetz gescheitert. Dies gilt zum Beispiel für Fragen aus dem Bereich der Steuer- oder Sicherheitspolitik. Im Europäischen Rat hingegen (nicht zu verwechseln mit dem Rat der Europäischen Union!) treten mindestens vier Mal pro Jahr die Regierungschefs aller EU-Länder zusammen. Gesetze verabschieden sie bei diesen EU-Gipfeln nicht, sie einigen sich lediglich auf Rahmenbedingungen und treffen grundlegende Richtungsentscheidungen. Die Europäische Kommission ist dann die Exekutive der EU. Sie schlägt Programme und Gesetze vor, die sie im Interesse der Mitgliedstaaten erarbeitet hat, kann selbst aber nicht gesetzgeberisch tätig werden (Gewaltenteilung gilt auch auf EU-Ebene). Stattdessen sorgt sie dafür, dass verabschiedete Gesetze in den Mitgliedstaaten auch beschlussgemäß umgesetzt werden, zudem verwaltet sie den EU-Haushalt. Um all die Gesetze sowie deren Rechtmäßigkeit und Umsetzung zu überwachen, ist natürlich die dritte Gewalt auch auf EU-Ebene unabdinglich: Die Aufgabe der Judikative übernimmt der Europäische Gerichtshof. Darüber hinaus gibt es noch mehrere Institutionen wie die Europäische Zentralbank, den Europäischen

Wirtschafts- und Sozialausschuss oder den Europäischen Auswärtigen Dienst, die aber im Alltagsleben der meisten Bürger eine untergeordnete Rolle spielen. Von Interesse sind jedoch noch einige führende Personalien: So ist die Deutsche Ursula von der Leyen derzeit Präsidentin der Europäischen Kommission, der Spanier Josep Borrell ist Hoher Vertreter für Außen- und Sicherheitspolitik, der Italiener David Maria Sassoli hat das Amt des Präsidenten des Europäischen Parlaments inne und der Belgier Charles Michel ist schließlich Präsident des Europäischen Rates.

Und welche Kompetenzen hat die EU nun konkret? Viele Bürger sind etwas ratlos angesichts der Frage, wer denn nun eigentlich was entscheiden darf. Schließlich haben wir in Deutschland umfassende Gesetzgebungszuständigkeiten und -möglichkeiten, gleichzeitig kann aber auch das EU-Parlament Gesetze verabschieden. Dabei ist es nicht leicht, den Überblick zu behalten bzw. aufzuschlüsseln, wer nun welche Entscheidung tatsächlich verbindlich treffen darf. Zum Glück gibt es aber hierfür klare und auch verständliche Regeln. Zunächst einmal gelten drei fundamentale Prinzipien: begrenzte Einzelermächtigung, Verhältnismäßigkeit und Subsidiarität. Erstere besagt, dass die EU nur in Bereichen Gesetze erlassen darf, in denen Verträge, die von allen Mitgliedstaaten unterzeichnet wurden, ihr das Recht dazu geben. Verhältnismäßigkeit beschränkt alle Gesetzgebung auf die Gesetze, die benötigt werden, um in EU-Verträgen festgelegte Ziele zu erreichen – und nichts darüber hinaus. Das Subsidiaritätsprinzip ist Deutschen aus der Ländergesetzgebung ein Begriff: In Bereichen, in denen sowohl EU- als auch Nationalregierungen Gesetze erlassen dürfen, darf die EU nur eingreifen, wenn durch sie ein Problem wirksamer gelöst werden kann. Damit wird schon deutlich, dass es unterschiedliche Bereiche der Gesetzgebung gibt. Im Prinzip verhält es sich dann mit der Kompetenz ähnlich wie mit deren Aufteilung zwischen Bund und Bundesländern. In Bereichen der ausschließlichen Zuständigkeit hat allein die EU die

Gesetzgebungsbefugnis, es sei denn, sie räumt den Staaten das Recht ein, dies selbst zu tun. Dieser Bereich umfasst: Zollunion, Binnenmarktwettbewerbsregeln, Währungspolitik (in Euro-Ländern), in bestimmten Fällen Handel und internationale Abkommen sowie Meerespflanzen und -tiere in Bezug auf gemeinsame Fischerei. Im Bereich der geteilten Zuständigkeit können Länder Rechtsvorschriften erlassen, wenn die EU dies noch nicht getan hat und auch künftig nicht beabsichtigt. Das gilt für Binnenmarkt, Beschäftigung und Soziales, wirtschaftlichen, sozialen und territorialen Zusammenhalt, Landwirtschaft, Fischerei, Umwelt, Verbraucherschutz, Transport, transeuropäische Netze, Energie, Sicherheit und Recht, öffentliche Gesundheit, Forschung und Raumfahrt sowie Entwicklungszusammenarbeit und humanitäre Hilfe. Unterstützende Zuständigkeit hingegen besagt, dass die EU hier eben nur unterstützend tätig werden darf, aber kein Anrecht besitzt, sich in die Gesetzgebung der einzelnen Länder einzumischen. Unterstützen kann sie bei der öffentlichen Gesundheit, der Industrie, der Kultur, dem Tourismus, der Allgemein- sowie Berufsbildung, der Förderung von Jugend und Sport, dem Zivilschutz sowie der administrativen Zusammenarbeit. Und schließlich gibt es noch etwas, was als „Besondere Zuständigkeiten" bezeichnet wird. Hier wird der EU ein Sondermitspracherecht eingeräumt, das heißt, die EU kann im Notfall über die übliche Rahmensetzung hinausgehen, um beispielsweise die Wirtschafts- und Beschäftigungspolitik sinnvoll zu koordinieren, die gemeinsame Außen- und Sicherheitspolitik umzusetzen oder im Rahmen der „Flexibilitätsklausel" unter streng festgelegten Umständen außerhalb der üblichen Festlegungen tätig zu werden. Geregelt wird all das in einem großen Gesetzeswerk, dem Vertrag über die Arbeitsweise der Europäischen Union (AEUV). Eine ausdrückliche Verfassung hat die EU übrigens nicht. 2004 wurde zwar der Versuch unternommen, eine solche zu verabschieden, dies scheiterte allerdings am Widerstand der Bevölkerung Frankreichs und der Niederlande. Die wesentlichen Elemente finden sich jedoch im Vertrag von Lissabon. Als Grundlage allen EU-Handelns gelten die Prinzipien der Menschenwürde, der Freiheit, der Demokratie, der Gleichheit und der Rechtstaatlichkeit. Auch die Bürgerrechte sind hier fest verankert.

Und wie wird nun all das finanziert? Es gibt eine Reihe von festgelegten Quellen, aus denen die EU ihre Finanzmittel bezieht. Da sind zunächst die Beiträge der einzelnen Mitgliedstaaten, darüber hinaus nimmt die EU Zölle auf Produkte ein, die aus Nicht-EU-Ländern eingeführt werden, zudem füllen Strafzahlungen von Unternehmen, die gegen EU-Gesetze verstoßen haben, die Kassen. Der EU-Haushalt und seine Verwendung werden stets einige Jahre im Voraus ausgehandelt. Verwendet wird das Geld zum einen für den Unterhalt der EU-Organisation an sich, vor allem jedoch, um wirtschaftliche Entwicklung und wirtschaftliches Wachstum zu fördern. Im Rahmen der sogenannten Kohäsionspolitik werden Investitionen getätigt, die vor allem in finanzschwächeren Ländern – aber auch Regionen – beispielsweise Forschung und Innovation, Umweltschutz, Umstieg auf CO_2-arme Wirtschaft oder die Ausbildung fördern. Auch strukturschwache ländliche Regionen werden gefördert und darunter finden sich auch einige in Deutschland. So erhalten zum Beispiel zahlreiche Firmen in Brandenburg oder ländliche Gebiete in Niedersachsen EU-Zuschüsse. Eine Frage, an der sich oft Diskussionen entzünden, ist die Frage nach der konkreten Einzahlung einzelner Länder. Die Summe ist abhängig von zwei Faktoren: dem jeweiligen Bruttonationaleinkommen und der jeweiligen Mehrwertsteuer. Von beiden erhält die EU einen bestimmten Prozentsatz, was natürlich bedeutet, dass reiche Länder mehr und ärmere weniger bezahlen. Wenn man Einzahlungen in die EU und Bezüge, die ein Land aus EU-Geldern erhält, verrechnet, gibt es Nettozahler und Nettoempfänger. Deutschland ist beispielsweise seit Jahren einer der größten

Nettozahler, zahlt also mehr ein, als es erhält. Pro Kopf der jeweiligen Landesbevölkerung gerechnet ist Dänemark der Spitzenreiter, hier zahlt jeder Bürger umgerechnet 206 € (alle diesbezüglichen Zahlen in diesem Absatz entsprechen der Datenlage von 2018), danach kommt Deutschland mit 161 €. Litauen, Lettland und Ungarn beziehen pro Kopf zwischen 505 und 610 € und sind damit Spitzenreiter hinsichtlich der Nettoempfänger. Bezogen auf die absoluten Zahlen – also nicht pro Kopf – ist Deutschland Zahlungsspitzenreiter mit einem negativen Haushaltssaldo von 13,4 Milliarden €. Den zweiten Platz belegt Großbritannien mit einem Minus von 6,9 Mrd. €, danach kommt Frankreich mit einem Minus von 6,2 Mrd. €. Die größten Nettoempfänger in absoluten Zahlen sind Polen mit einem Plus von 12,3 Mrd. €, gefolgt von Ungarn mit 5,2 Mrd. € und Griechenland mit 3,4 Mrd. €. Wer allerdings aus diesen Zahlen allein ableitet, wer von der EU profitiert und wer ausgebeutet wird, denkt zu kurz: Schließlich profitiert zunächst jedes Land von der Stabilität und Sicherheit, denn so ist erfolgreiches Wirtschaften überhaupt erst möglich– und gerade größere Wirtschaften mit mehr Handel und mehr Verdienst haben umso größere Vorteile durch wegfallende Zölle, Rechtssicherheit sowie freien Waren- und Personenverkehr.

All das hat nun zwei Dinge bereits deutlich gemacht: Es gibt äußerst gute Gründe, in der EU zu sein, und Mitgliedstaaten können in vielerlei Hinsicht profitieren – aber Umfang und Komplexität führen natürlich auch zu einigen Nachteilen oder mindestens Kritikpunkten. Was haben wir nun also von der EU – und was nimmt sie uns? Gerade in den letzten Jahren wurden in der Öffentlichkeit die Nachteile des Zusammenschlusses häufig beklagt. Kritiker wenden ein, dass die einzelnen Mitgliedstaaten zu viel Autonomie verlören und Entscheidungen nicht mehr so treffen könnten, wie es für die jeweilige Bevölkerung am zweckdienlichsten ist. Auch ausufernde Bürokratie und ein Mangel an Transparenz werden oft beklagt, zudem verweisen nicht wenige Menschen darauf, dass die strengen Regulierungen die Wirtschaft behindern können und unterschiedlichen Ansätzen nicht unbedingt gerecht werden. Gerade die reicheren Länder monieren zudem, dass sie in finanzieller Hinsicht unverhältnismäßig stark belastet werden – zugunsten wirtschaftsschwächerer Länder. Und nicht zuletzt verweisen Kritiker darauf, dass der Zusammenschluss an sich recht künstlicher Natur ist: Die Bürger der einzelnen Länder haben jeweils einen ganz unterschiedlichen kulturellen und geschichtlichen Hintergrund, sie teilen keine gemeinsame Sprache und so ist konstruktiver Diskurs, wie er auf staatlicher Ebene stattfindet, kaum zu bewerkstelligen. Befürworter der EU setzen diesen Klagen jedoch einiges entgegen: So ermöglichen Handelsfreiheit, Arbeitnehmerfreizügigkeit und vieles mehr wirtschaftlichen Erfolg und Wohlstand in bislang nie gekanntem Ausmaß. Die Grenzfreiheit erlaubt den Bürgern, unkompliziert jedes Land zu bereisen und sich, wenn es ihnen gefällt, dort sogar niederzulassen. Das ist für viele mittlerweile zu einem solch selbstverständlichen Standard geworden, dass sie ganz vergessen, was für eine Ausnahme dies im weltweiten Vergleich darstellt. Außerdem sind grundlegende Rechte und Gesetze überall verbindlich. Wenn man also als Deutscher im EU-Ausland eines Verbrechens beschuldigt wird, so muss man nicht bangen, ob gerichtliche Verfahren oder polizeiliche Behandlung unseren hohen bürgerrechtlichen Standards genügen. Auch für den Binnenmarkt ist diese Rechtssicherheit ein unverzichtbares Gut, für international tätige Firmen ohnehin. Das führt außerdem dazu, dass die EU weltweit einer der stärksten Wirtschaftsräume ist. Das hat auch unmittelbar mit einem weiteren Vorteil zu tun: Europa ist, was die Staatenaufteilung angeht, sehr kleinteilig organisiert und gerade im Hinblick auf Außen- und Verteidigungspolitik wäre jedes Land für sich genommen eine kaum hörbare Stimme in der Welt. Als Zusammenschluss einiger der stabilsten, wohlhabendsten und einflussreichsten Länder hat Europa jedoch Gewicht – und zwar keinesfalls zu vernachlässigendes. Und zum Schluss gilt noch einmal, was eingangs bereits erwähnt wurde: Die EU hat Europa eine solch lange Spanne des Friedens, der Stabilität und der wirtschaftlichen Sicherheit verschafft, wie sie dieser Kontinent noch nie erlebt hat – und die meisten anderen Regionen der Welt ebenso wenig.

DER EUROPÄISCHE WIRTSCHAFTSRAUM

Abschließend sei noch kurz auf einen Wirtschaftsraum eingegangen, der über EU-Gebiet hinausgeht und im Zusammenschluss mit der bereits erwähnten Europäischen Freihandelszone (EFTA, European Free Trade Association) besteht: der Europäische Wirtschaftsraum (EWR). Mit dem EWR wurde eine weit gefasste europäische Binnenmarktzone geschaffen, der neben den EU-Ländern zusätzlich Norwegen, Island und Liechtenstein angehören. Innerhalb dieses Gebiets gelten die „vier Freiheiten", welche die Grundlage des Europäischen Wirtschaftsraumes bilden. Der freie Personenverkehr garantiert allen Bürgen des Wirtschaftsraums das Recht, dort zu wohnen und zu arbeiten, wo sie möchten, Grenzkontrollen wurden abgeschafft und die Gesetzgebung wurde im Hinblick auf Einreise-, Asyl-, Waffen- und Drogengesetze aufeinander abgestimmt. Der freie Dienstleistungsverkehr hat Finanzdienstleistungen liberalisiert und zudem die Aufsicht über Banken und Versicherungen in den einzelnen Ländern angeglichen. Der freie Warenverkehr sichert nun Handel ohne Grenzkontrollen zu und sorgt ebenfalls dafür, dass Vorschriften und Normen in diesem Bereich aneinander angepasst werden, was auch für Besteuerungsrichtlinien gilt. Und schließlich ermöglicht der freie Kapitalverkehr große Freiheiten in der Bewegung von Geld und Kapital, der Wertpapierverkehr wurde liberalisiert und erste Schritte hin zu einem gemeinschaftlichen Finanzleistungsmarkt wurden unternommen. Im Hinblick auf Wirtschaft und Handel stehen die drei EFTA-Länder den EU-Ländern also in nichts nach, allerdings müssen sie keinen darüber hinaus gehenden finanziellen oder gesetzgeberischen Verpflichtungen nachkommen – und erhalten im Gegenzug auch keine derartigen Unterstützungen.

Außenpolitische Beziehungen der Bundesrepublik

Über Deutschlands Verhältnis zu seinen europäischen Partnerländern ist nun schon einiges bekannt, aber auch, wenn das Land hier gut eingebunden ist und ein Großteil des internationalen Austauschs im europäischen Rahmen stattfindet, sind natürlich auch die Beziehungen zu weiter entfernten Regionen von Bedeutung. Gerade zu den USA besteht ein ganz besonderes historisch gewachsenes Verhältnis und zu Russland beispielsweise ein ganz besonders sensibles. Die nächsten Kapitel sollen nun zunächst nachvollziehen, wie sich Deutschlands Verbindungen zum Rest der Welt entwickelt haben, und damit auch erläutern, warum bestimmte Beziehungen heute in der Form bestehen, in der wir sie kennen. Anschließend wird genauer auf eine weitere machtvolle Staatenverbindung eingegangen, in der Deutschland heute fest verankert ist, nämlich die NATO. Und ganz zum Schluss werfen wir noch einen kurzen Blick auf die bilateralen Verbindungen, die

Deutschland außerhalb großer Verbände mit den Völkern und Staaten anderer Kontinente unterhält.

DIE GESCHICHTE DER DEUTSCHEN AUßENPOLITIK

Die Grundlagen deutscher Außenpolitik sind unverrückbar im Grundgesetz festgeschrieben. So besagt bereits die Präambel, dass das Land als gleichberechtigtes Glied in einem vereinten Europa dem Frieden der Welt zu dienen beabsichtigt, und in Artikel 26 heißt es: „Handlungen, die geeignet sind und in der Absicht vorgenommen werden, das friedliche Zusammenleben der Völker zu stören, insbesondere die Führung eines Angriffskrieges vorzubereiten, sind verfassungswidrig.". Entlang dieser Grundlinien gestaltet sich die gesamte deutsche Außenpolitik seit 1945. Ihr Beginn lag im Ende des Zweiten Weltkriegs: Das Land war am Boden, in Trümmern und frei von jeglicher Souveränität. Von Außenpolitik konnte keine Rede sein, nicht einmal von Politik. Die wenigen Verbindungen, die Deutschland zu anderen Ländern hatte, wurden von den jeweiligen Besatzungsmächten verwaltet und kontrolliert, und ohnehin war das Land aufgrund des Unheils, das es über so weite Teile Europas gebracht hatte, völlig isoliert. Dies zu überkommen, wurde eine Aufgabe von Jahrzehnten behutsamer, vorsichtiger und diplomatischer Annäherung. Zudem war Deutschland gespalten: Die Gräben des Kalten Krieges rissen schon früh auf und die Linie verlief mitten durch den einstmals so kriegerischen Staat. Für den Teil unter sowjetischer Besatzungsmacht lässt sich die Außenpolitik recht knapp zusammenfassen: Die DDR war der deutsche Vorposten des kommunistischen Regimegebietes, Souveränität gestand die sowjetische Brudermacht dem kleinen Land nicht zu und seine Außenpolitik bestand somit lediglich in den sowjetisch orchestrierten Verbindungen zu anderen Ostblockstaaten. Ganz anders verlief die Entwicklung in den westlichen Besatzungszonen. Für Deutschlands erneute Einbindung in die Welt existierten mehrere Ansätze, durchsetzen konnte sich schließlich Adenauer mit seinem Konzept, Souveränität durch den Verzicht auf Souveränität zu gewinnen. Deutschlands unbedingte kulturelle, politische und geistige Westbindung stand für ihn außer Frage und er erkannte früh, dass man im gesamten, dem Ostblock gegenüberstehenden, Westen auf Deutschland gewissermaßen angewiesen sein würde: Eine feste Verankerung eines demokratischen Deutschlands im Kreise seiner Partner war unabdinglich für die Behauptung des Westens gegenüber dem Ostblock, der schließlich direkt vor Deutschlands Haustür begann. Gerade für Frankreich stand zudem das Interesse im Vordergrund, ein militärisches Wiedererstarken Deutschlands zu vermeiden, und man wusste in Paris, dass dies dauerhaft nicht über Kontrolle und Unterwerfung würde gelingen können, sondern nur innerhalb einer möglichst engen Partnerschaft. Die Unterzeichnung der Brüsseler Verträge als Vorgänger der NATO waren noch geprägt von der Angst vor der „deutschen Gefahr", allerdings änderte sich die Lage mit dem Ausbruch des Koreakriegs im Jahre 1950: Nun fürchtete man im Westen in erster Linie Expansionsbestrebungen der Sowjets auch in Europa – und Deutschland als Pufferzone wurde unverzichtbar. Diese Situation verstand Adenauer geschickt zu nutzen: Die Forderungen der Westpartner an Deutschland, seinen Beitrag zur Abwehr der sowjetischen Gefahr zu leisten, verband er seinerseits mit den Forderungen nach mehr Autonomie, um der Aufgabe auch tatsächlich nachkommen zu können. Der erste große Erfolg stellte sich im Jahre 1952 mit der Unterzeichnung des „Deutschlandvertrags" oder „Generalvertrags" ein: Nach kleinen, einzelnen Zugeständnissen in den Jahren zuvor und Adenauers geschicktem Verzichten auf bestimmte Selbstständigkeiten wurde hierin schließlich das Besatzungsregime beendet. Deutschland erhielt die weitgehende Souveränität bezüglich seiner Außenpolitik zurück, die Alliierten behielten sich aber noch gewisse Sonderrechte vor. Im Mai 1955 vollzog sich der nächste Schritt hin zur vollständigen Selbstbestimmung des deutschen Volkes: der Beitritt Deutschlands zur NATO und zur WEU (Westeuropäische Union). Solchermaßen eingebunden in internationale sicherheitspolitische Abkommen, ging von Deutschland keine Gefahr mehr aus, man gestattete ihm die Einrichtung eines Auswärtigen Amtes und in Form der Bundeswehr erstmalig die Wiederbewaffnung. Allerdings stand das Militär unter strikter Kontrolle der NATO, gleichzeitig band sich Deutschland durch die damit einhergehende klare Positionierung gegen die Sowjetunion stärker als je zuvor an seine Schutzmacht USA. Nun kam die Verbindung mit europäischen Partnerländern so richtig in Gang, zunächst mit der Einrichtung der bereits erwähnten Montanunion. Es folgte die Europäische Wirtschaftsgemeinschaft und die beteiligten Länder wuchsen fortwährend enger zusammen, politische und wirtschaftliche Verbindungen erweiterten und stabilisierten sich. Mit seinem Eintritt in die EWG 1958 war Deutschland nun – nicht einmal fünfzehn Jahre nach Kriegsende – in Europa angekommen. Während all dieser Zeit hatte es auch immer wieder Bemühungen bezüglich einer Einigung mit dem Ostblock gegeben, allerdings ohne Erfolg. Die größten Leistungen der Regierung Adenauers waren schließlich die nachhaltige Einbindung Deutschlands in den Westen und die Versöhnung mit Frankreich, die 1963 in der Unterzeichnung der Elysée-Verträge gipfelte, worin eine überaus enge Kooperation der beiden Länder beschlossen wurde. Diese Verbindung war so eng, dass sie jenseits des Atlantiks mit einiger Skepsis als deutsch-französisches Exklusivprojekt beäugt wurde, und auch aus diesem Grund bestand eine der großen Aufgaben deutscher Regierungen in den folgenden Jahrzehnten darin, diplomatisch geschickt zwischen den Interessen und Verbindungen von jeweils den

USA und Frankreich auszutarieren. Das wurde eine Herausforderung, vor allem für die nun folgende Kanzlerschaft Ludwig Erhards in Zusammenarbeit mit dem französischen Präsidenten Charles de Gaulle, der eine Beschränkung des Einflusses durch die USA und Großbritannien zu erreichen versuchte. Die Alternativlosigkeit einer festen Beziehung zu den Vereinigten Staaten stand Erhard jedoch stets vor Augen und mit diesem Wissen steuerte er Deutschland durch die komplizierte Zeit der Gaulle-Jahre. Gleichzeitig erwarb er sich Verdienste um erste vorsichtige Annäherungen an die Sowjetunion, indem Handelsverträge mit osteuropäischen Staaten geschlossen wurden. Brandt leitete dann schließlich eine Veränderung in Bezug auf die Ostpolitik Deutschlands ein. Mit pragmatischen Entspannungs- und Normalisierungsschritten sollte einer in der Zukunft liegenden Vereinigung der beiden Deutschlandteile der Weg bereitet werden, tatsächlich war aber Moskau zu dieser Zeit nicht sonderlich bewegungsbereit. Zumindest wurden allerdings 1970 der Moskauer und der Warschauer Vertrag unterschrieben, in denen sich jeweils beide Seiten zu Gewaltverzicht und Achtung der Grenzen verpflichteten. 1972 unterschrieben West- und Ostdeutschland den sogenannten „Grundlagenvertrag", in dem sie einander zusicherten, Selbstständigkeit und Grenzen des jeweils anderen Staates zu achten und gute nachbarschaftliche Beziehungen zu unterhalten. Nach de Gaulles Rückzug aus der Politik kam auch in die westeuropäischen Angelegenheiten wieder Bewegung, die beiden deutschen Staaten traten der UNO bei, weitgehende politische Zusammenarbeit in Europa wurde auf dem Den Haager Gipfel von 1969 vereinbart und mehr und mehr Staaten schlossen sich der EG an. Ende der Siebziger Jahre verschärfte sich dann erneut der Ost-West-Konflikt und es kam schließlich 1979 zum berühmten NATO-Doppelbeschluss und der damit verbundenen möglichen Stationierung amerikanischer Mittelstreckenraketen und Marschflugkörper in Europa. Mit der

Übernahme der Kanzlerschaft durch Kohl im Jahre 1982 wurde ein neues Kapitel in der deutschen Außenpolitik aufgeschlagen: mit mehreren konkreten Zugeständnissen – unter anderem der tatsächlichen Raketenstationierung – stabilisierte Kohl das internationale Vertrauen in die Verlässlichkeit des Bündnispartners Deutschland, was den späteren Verhandlungen um die Wiedervereinigung sehr zugute kam. Zudem rückte er die bereits im Grundgesetz formulierte Absicht der deutschen „Einheit in Freiheit" in den Fokus seiner Ostpolitik und versuchte auf unterschiedlichen Wegen, die Beziehungen zum zweiten deutschen Staat zu verbessern. Während all dieser Zeit tat der wirtschaftliche Niedergang der Sowjetunion sein Übriges, Gorbatschow leitete mit seiner Amtsübernahme grundlegende Veränderungen ein, die osteuropäischen Völker strebten und drängten weiteren Freiheiten entgegen und auch in der DDR wurden die berühmten „Wir sind das Volk!"-Rufe laut, bis schließlich am 9. November 1989 die Berliner Mauer fiel. Knapp ein Jahr später, am 3. Oktober 1990, trat nach umfangreichen Verhandlungen mit sämtlichen westlichen Bündnispartnern die DDR der Bundesrepublik bei. Nach 1990 bestand ein großer Teil der nunmehr gesamtdeutschen Außenpolitik im schrittweisen Ausbau der EU, der ja bereits ausführlich dargelegt wurde. Deutschland gewann im internationalen – vor allem auch weltweiten – Kontext zunehmen an Bedeutung und Gewicht. Dieses Gewicht nutzte das Land unter anderem bei der Förderung eines raschen Beitritts mehrerer osteuropäischer Länder zur EU, da man nach wie vor große Aufgaben in der Aussöhnung mit diesen Ländern zu bewältigen hatte – im Gegensatz zu beispielsweise Frankreich war bislang eine Annäherung nach den Greueltaten Hitlerdeutschlands mit diesen Ländern nicht möglich gewesen. Dieses Gewicht brachte allerdings noch eine andere heikle Frage mit sich: Die Frage nach der Beteiligung deutscher Soldaten an Militäreinsätzen. Diese sind bis heute äußerst kontrovers, da viele Deutsche sich dem „Nie wieder" eines deutschen Militarismus konsequent verpflichtet sehen, allerdings konnten auch nicht länger die notwendigen Beitragsleistungen im Rahmen diverser Bündnisse – allen voran der NATO – ignoriert werden. Deutschland musste lernen, sich zu entschließen, seinen Beitrag zu leisten, was im Falle von Friedensmissionen mit UNO-Mandat, wie beispielsweise 1993 in Somalia, in der Bevölkerung noch leichter Zustimmung fand als etwa die Teilnahme an NATO-Luftschlägen gegen Jugoslawien 1998. Allerdings ermöglichte gerade die Situation im Kosovo auch ein politisches Umdenken im Hinblick auf militärische Einsätze und es setzte sich zunehmend die Erkenntnis durch, dass man in Deutschland, wenn man seinem erklärten Ziel der Friedenssicherung in der Welt ernsthaft nachkommen wollte, von militärischer Gewalt nicht gänzlich würde abstinent sein können. Mittlerweile ist die Bundeswehr weltweit im Rahmen mehrerer Missionen tätig, so beispielsweise im Jemen, in Afghanistan oder im Libanon. Die Umstände, unter denen deutsche Soldaten eingesetzt werden, sind jedoch äußerst strikt geregelt und scharf umgrenzt – eine der nachhaltigsten Lehren aus den Schrecken der Naziherrschaft.

Abschließend gibt es noch einen ganz besonderen, sensiblen und behutsam zu behandelnden Aspekt der deutschen Außenpolitik: das Verhältnis zu Israel. Die herausragende historische Verpflichtung gegenüber dem Staat, in den sich die Überlebenden der unter Hitler so fanatisch verfolgten Juden geflüchtet hatten, wird bis heute in Deutschland kompromisslos anerkannt. Bereits in den Fünfzigerjahren entstand eine erste Rüstungskooperation, 1965 wurden unter Erhard vollumfängliche diplomatische Beziehungen zu Israel aufgenommen und seitdem wird kontinuierlich an Aussöhnung und Völkerverständigung gearbeitet. Zuletzt bekräftige Angela Merkel diese bedingungslose Verpflichtung, als sie 2008 in ihrer Rede vor dem israelischen Parlament erklärte, dass die Sicherheit Israels Teil deutscher Staatsräson sei.

DIE NATO UND DEUTSCHLANDS ROLLE IM NORDATLANTIKPAKT

All die erläuterten internationalen Herausforderungen, Aufgaben und Interessen verlangen nun – allen friedenspolitischen Grundsätzen zum Trotz – letztlich auch eines: Deutschland muss in der Lage sein, sich, seine Bevölkerung und all die mit Partnerländern erarbeiteten Werte und Normen verteidigen zu können. Da sich militärische Alleingänge für Deutschland seit 1945 verbieten und zudem in der globalisierten Welt des 21. Jahrhunderts kaum ein Staat mehr seine Integrität und Sicherheit allein garantieren kann, ist es mehr als naheliegend, sich auch in diesem Punkt zusammenzuschließen. Dafür existiert die NATO. Die North Atlantic Treaty Organization – der Nordatlantikpakt – ist ein Verteidigungsbündnis, dessen Mitglieder sich verpflichtet haben, Verteidigungs-, Sicherheits- und Friedensbemühungen unter ein gemeinsames Dach zu stellen und jede notwendige Gewalt ausschließlich in Einklang mit der Charta der Vereinigten Nationen auszuüben. Die hier festgelegten Menschenrechte und Freiheiten sind die unverhandelbare Grundlage allen NATO-Handelns und somit hat der Zusammenschluss nichts weniger zum Ziel, als dauerhaft Frieden und Sicherheit in der gesamten Welt zu etablieren – ein Ziel, das freilich so erhaben wie auch derzeit noch in weiter Ferne scheint. Trotzdem hat sich die Friedenssituation in großen Teilen der Welt seit ihrer Gründung ganz erheblich verbessert und nachhaltig stabilisiert. Gegründet wurde der Pakt 1949 unter dem Eindruck des sich zunehmend verschärfenden Ost-West-Konflikts von zehn westeuropäischen Staaten sowie Kanada und den USA. Sie alle schlossen sich zusammen, um dem mächtiger werdenden und auch expansionswilligen Sowjetreich etwas entgegenzusetzen zu haben. In Amerika wollte man die Verbundenheit der europäischen Länder zum westlichen System sicherstellen, in Europa wiederum wusste man ganz genau, dass einzelne Länder einem tatsächlichen Übergriff des sowjetischen Nachbarn nichts entgegenzusetzen haben würden. Deutschland war nicht unter den Gründungsmitgliedern, wurde aber aus genau diesem Grund 1955 in das Bündnis aufgenommen: Durch seine Lage in der Mitte Europas und aufgrund der Grenze zwischen den Machtblöcken, die direkt durch das Land verlief, war eine enge Anbindung an den Westen unverzichtbar und man gestattete dem Land sowohl den Beitritt als auch die Wiederaufrüstung. Mit dem Zusammenbruch der Sowjetunion verlor die NATO dann ihre bisherige Hauptexistenzgrundlage und die Natur des Zusammenschlusses begann, sich zu verändern: Der Fokus verlagerte sich von der Verteidigung hin zur Aufrechterhaltung von Sicherheit und Frieden im Inneren. Eine für das ganze Bündnis, für Deutschland jedoch in besonderem Maße, bedeutende Entwicklung war die Osterweiterung der NATO nach dem Ende des Kalten Krieges: Bis 2004 waren zahlreiche osteuropäische Staaten dem Bündnis beigetreten, nämlich Polen, Tschechien, Ungarn, Bulgarien, Estland, Lettland, Litauen, Rumänien, die Slowakei und Slowenien. Eine Situation, von der alle profitierten: Der Westen trug damit entschieden dazu bei, die jungen und sich noch im Aufbau befindenden Demokratien an sich zu binden und sein Einflussgebiet reichte nun direkt bis an die Grenzen der russischen Föderation heran. Die früheren Ostblockstaaten hingegen fühlten sich abgesichert gegenüber Russland, das nach wie vor als Bedrohung empfunden wurde. Und Deutschland rückte schließlich von der Front zum Osten weg in die geographische Mitte des Bündnisses – umgeben von Staatspartnern und –freunden. Da die NATO sich nun nicht mehr in erster Linie mit ihrer akuten Verteidigung befassen musste, konnten neue Aufgabenfelder und Herangehensweisen ins

Zentrum rücken. Krisenprävention und -management wurden zur Hauptaufgabe und auch die Formen der Bedrohungen und Auseinandersetzungen, mit denen sie sich beschäftigte, wandelten sich stark: Bürgerkriege sind mittlerweile ebenso Betätigungsfelder wie der internationale Terrorismus oder die Bekämpfung der Verbreitung von Atomwaffen. Auch das Verständnis vom möglichen Einsatzgebiet hat sich stark erweitert: War die NATO zu Beginn nur in ihrem Gebiet tätig und erweiterte ihr mögliches Einsatzfeld zunächst nur auf die Randgebiete des Bündnisbereichs, so gilt mittlerweile als gemeinhin akzeptiert, dass in einer global äußerst vernetzten Welt die eigene Sicherheit und Freiheit möglicherweise auch fernab der Landesgrenzen verteidigt werden müssen – auch wenn einzelne Einsätze jedes Mal aufs Neue Widerstand, vor allem in der deutschen Bevölkerung, hervorrufen. Beispiele für solche out-of-area-Einsätze sind die Missionen in Afghanistan oder am Horn von Afrika. Zudem änderten sich Struktur und Ausrüstung der NATO: Der Fokus verschob sich zunehmend hin zu militärischen Einheiten, die flexibel weltweit eingesetzt werden könnten, allerdings versetzte die Krim-Annexion 2014 diesem neuen Kurs einen Dämpfer. Es wurde deutlich, dass auch fast drei Jahrzehnte nach dem Ende der Sowjetunion von einem russischen Verzicht auf Aggression bzw. Expansion nicht einfach ausgegangen werden konnte, und dementsprechend wurden aufgegebene Ressourcen und Strukturen reaktiviert. Mittlerweile besteht die NATO aus 29 Mitgliedern, Nordmazedonien wartet auf seine Aufnahme als 30. Mitglied.

Und wie genau funktioniert dieses Bündnis nun bzw. nach welchen Prinzipien handelt es? Seine grundlegende Natur wird von drei Kernaufgaben bestimmt: Die kollektive Verteidigung garantiert den einzelnen Mitgliedern den aktiven militärischen Beistand der Bündnispartner im Falle eines Angriffs von außen. Dies wäre der berühmte Bündnisfall – alle Partner stehen für den Angegriffenen ein.

Die viel grundlegendere Absicht ist aber, durch die solchermaßen demonstrierbare Stärke potenzielle Angreifer bereits im Vorfeld abzuschrecken. Das Krisenmanagement bildet nun den zweiten Grundpfeiler: Krisen sollen früh erkannt und durch friedliche Intervention möglichst abgefangen werden, zudem wird nach ausgetragenen Konflikten Nachsorge- und Stabilisierungsarbeit betrieben. Drittens bemüht sich das Bündnis, durch Kooperation mit Nicht-NATO-Staaten auch im Rest der Welt Sicherheit und Stabilität zu erwirken. Im Einsatzfall entsenden die einzelnen Mitgliedstaaten militärische Einheiten, die dann unter zentralem Kommando geführt werden. Somit ist es auch von größter Notwendigkeit, die einzelnen Armeen anzugleichen und sich abzusprechen – im Notfall muss polnische Munition auch in kanadischen Gewehren funktionieren. Ebenso kann spezifische Ausrüstung aufgeteilt werden, nicht jedes Land muss über alles Benötigte selbst verfügen. Ein gutes Beispiel sind die AWACS-Aufklärungsflugzeuge, die von der gesamten NATO gemeinsam betrieben werden und in Geilenkirchen stationiert sind. Die einzelnen Mitgliedstaaten finanzieren die NATO gemeinsam, größter Einzahler ist derzeit mit Abstand die USA. Mittlerweile wurde festgelegt, dass die Mitglieder jeweils mindestens 2 % ihres Bruttoinlandsproduktes in die Verteidigung investieren sollen, allerdings liegen viele Mitgliedstaaten – einschließlich Deutschland – deutlich unter dieser Zahl, was gerade in den USA zunehmend für Verstimmung sorgt.

Und schließlich ist die Stellung Deutschlands innerhalb der NATO eine ganz besondere: Alle deutschen Streitkräfte (mit Ausnahme der Territorialverteidigung) unterstehen der NATO-Kommandostruktur, einen eigenen Generalstab der Bundeswehr gibt es nicht und zudem hat sie ausdrücklich erklärt, auf Atomwaffen zu verzichten.

BILATERALE BEZIEHUNGEN – DEUTSCHLAND UND DER REST DER WELT

Abseits multilateraler Bündnisse pflegt Deutschland zu einer Vielzahl von Ländern in der ganzen Welt bilaterale Beziehungen. Hierbei handelt es sich um unterschiedlich umfangreiche und intensive Kooperationen in verschiedenen Themenfeldern, manchmal geht es auch vorrangig darum, zunächst eine vertrauensvolle Beziehung zu den jeweiligen Staaten aufzubauen. Historisch und politisch bedingt ist die Zusammenarbeit höchst unterschiedlich weit gefasst. Zu fast jedem Land der Welt unterhält Deutschland irgendeine Form der Beziehung, die Wichtigsten sollen nun einmal herausgegriffen und kurz umrissen werden. Eine erschöpfende Einordnung würde den Rahmen dieses Buches deutlich sprengen, Interessierte können sich aber auf der Internetseite des Auswärtigen Amtes über die detaillierten Verbindungen mit jedem Land der Welt informieren. Da über die EU bereits ausführlich gesprochen wurde, ist nun vor allem das Verhältnis Deutschlands zu Ländern in Übersee interessant. Einzigartig ist hier nach wie vor die Beziehung zu den USA. Wie sie historisch gewachsen ist, wurde bereits in mehreren Kapiteln deutlich, heute ist die Zusammenarbeit gerade im wirtschaftlichen Bereich beachtlich: Deutschland ist der wichtigste Handelspartner der USA in Europa, zudem gehen nirgendwo hin so viele deutsche Exporte wie zum Partner jenseits des Atlantiks. Auch im Rahmen zahlreicher Austauschprogramme in Kultur, Hochschulbildung, Wissenschaft oder Kunst stehen die beiden Völker in engem Austausch und zahlreiche US-Soldaten mit ihren Familien sind nach wie vor in Deutschland stationiert. Mehr als 2000 Städtepartnerschaften intensivieren die Verbindungen und Beziehungen. Weit weniger bekannt, aber ebenfalls intensiv sind die Banden zwischen Deutschland und Kanada. Seit dem Krieg und während der gesamten Zeit des Eisernen Vorhangs war Kanada den Deutschen ein verlässlicher Partner, heute teilen beide Länder vor allem gemeinsame politische und soziale Wertvorstellungen sowie die Absicht, diese Strukturen in der Welt zu sichern und zu stärken. Eine herausragende Stellung nimmt die Wissenschaftskooperation ein: 1971 wurde ein Abkommen über die wissenschaftlich-technologische Zusammenarbeit unterzeichnet und bis heute fanden in diesem Rahmen mehr als 1000 gemeinsame Forschungsprojekte statt, auch der Jugendaustausch wird stark unterstützt. Im lateinamerikanischen Raum ist nun vor allem die Beziehung zu Brasilien von Bedeutung. Es ist dort das einzige Land, zu dem Deutschland seit 2008 eine umfassende strategische Partnerschaft unterhält, besonderes Augenmerk liegt hierbei auf der Zusammenarbeit in den Bereichen Klimaschutz, Tropenschutz und wissenschaftlichem sowie kulturellem Austausch. Auch ist Brasilien neben Mexiko Deutschlands wichtigster Handelspartner in Lateinamerika. Mit Mexiko besteht ebenfalls eine umfassende Zusammenarbeit, vor allem auf dem Gebiet des Aufbaus von wirtschaftlichen und industriellen Strukturen. Und gerade in diesem Land ist das Interesse an deutscher Bildung groß: Universitäten haben umfangreiche Austauschprogramme und mehr als 86.000 Mexikaner lernen Deutsch. Mit vielen weiteren Ländern des Kontinents hat Deutschland ebenfalls Beziehungen aufgenommen und ohnehin besteht über Zusammenschlüsse wie UNO oder NATO eine Verbindung. Werfen wir als Nächstes einen Blick auf einen ganz anderen Teil der Weltkarte: Australien/Ozeanien/Polynesien. Hier sind vor allem die Verbindungen zu Australien und Neuseeland ausgeprägt. Sie basieren auf einem geteilten kulturellen und politischen Wertesystem. Wissenschaftliche Zusammenarbeit hat einen hohen Stellenwert, Deutschland profitiert von den gänzlich anderen Bedingungen in den beiden Ländern und umgekehrt. Zahlreiche Studenten wechseln zwischen den Staaten hin und her und für viele junge Deutsche sind die beiden Länder Sehnsuchtsorte für ausschweifende Reisen und Arbeitserfahrungen. In Asien hingegen sieht die Situation anders aus: Ausführliche Beziehungen – vor allem Handelsbeziehungen – werden zu China unterhalten, hier allerdings bestehen stets auch Spannungen bezüglich der Achtung von Menschenrechten sowie den politischen Systemen. Allerdings blickt man in China mit großem Respekt auf deutsche Wissenschaft und Kultur und eine beeindruckende Zahl an Studenten strebt zumindest einige Gastsemester in Deutschland an. Umgekehrt hat eine große Zahl deutscher Unternehmen mittlerweile Produktionsstandorte und Filialen in das asiatische Land verlegt und die Verflechtung der beiden Länder schreitet rasch voran, ganz besonders im Bereich der Wirtschaft. Ebenfalls eng verbunden ist die Bundesrepublik mit Japan, hier vornehmlich im Bereich eines höchst intensiven kulturellen Austauschs, unter anderem im Rahmen des Deutsch-Japanischen Zentrums in Berlin. Auch der Handel zwischen den beiden Staaten gewinnt zunehmend an Bedeutung und im Bereich der Hochtechnologieforschung bestehen weitreichende Kooperationsvereinbarungen. Ebenfalls erwähnt gehört Südkorea, zu dem Deutschland eine besondere Beziehung hat: Koreanische Gastarbeiter haben wesentlich zum Wiederaufbau Deutschlands beigetragen und auch heute noch leben viele Koreaner in der Bundesrepublik. Auch die gemeinsame Erfahrung, in einem geteilten Land zu leben, eint. Zudem ist Südkorea im Bereich der Informations- und Kommunikationstechnologie einer der leistungsstärksten Staaten weltweit, auf diesem Gebiet pflegt das Land eine enge Zusammenarbeit mit Deutschland. Wenn man sich schließlich dem afrikanischen Kontinent zuwendet, muss man unterscheiden zwischen dem südlichen und dem nördlichen Teil: Nördlich der Sahara bestehen in erster Linie zu Tunesien enge Beziehungen. Das Land ist sozusagen der Verbindungspunkt Deutschlands zur arabischen Welt, Transformationsprozesse laufen zu einem großen Teil über das Schlüsselland Tunesien. Und schließlich ist es nach wie vor ein sehr beliebtes außereuropäisches Urlaubsland der

Deutschen. Südlich der Sahara ist Südafrika der Ansprechpartner Nr. 1 der Deutschen. Das Land am südlichen Zipfel des Kontinents bietet für deutsche Unternehmer attraktive Marktchancen, vor allem in den Bereichen erneuerbare Energien, Infrastruktur und Wasser. Zudem ist das politisch stabile Land ein verlässlicher Partner, wenn es um die Vermittlung zu anderen afrikanischen Staaten geht, und für deutsche Unternehmen auch das Tor zu den dortigen Märkten. Ebenfalls besteht eine breitgefächerte Kooperation im Bildungs- und Forschungsbereich. Zu vielen anderen afrikanischen Staaten unterhält Deutschland mittlerweile ebenfalls Beziehungen, bei denen meist die Zusammenarbeit im Hinblick auf politische und wirtschaftliche Entwicklung im Vordergrund steht. Zunehmend sind jedoch auch die Themen Klimawandel und Bildungsaustausch bedeutende Anknüpfungspunkte zwischen den einzelnen Ländern.

Abschließend bleibt zu sagen, dass Deutschland mit der ganzen Welt in Kontakt steht. Die Intensität der Zusammenarbeit ist höchst unterschiedlich, ebenso die thematische Schwerpunktsetzung, aber grundsätzlich ist es gelungen, mit jedem Gebiet dieses Planeten in irgendeiner Form in Verbindung zu treten – beste Voraussetzungen also für ein fortschreitendes Zusammenwachsen der globalisierten Welt.

Ausblick

Wenn Sie dieses Buch nun durchgelesen haben, verfügen Sie über ein recht umfangreiches Wissen. Vieles, was in den täglichen Nachrichten auftaucht, ergibt nun – hoffentlich – mehr Sinn, und alles, was Sie an Wissen erworben haben, kann künftig als Grundlage dienen, alle neuen Informationen einzufügen in das sich ständig erweiternde Bild der politischen Realität. Und darin liegt der entscheidende Punkt: Wer begreifen möchte, was in Deutschland – aber auch im Rest der Welt– passiert, der darf nicht aufhören mit dem Lesen. Die Welt des 21. Jahrhunderts wandelt sich mit einer solchen Geschwindigkeit und Dynamik, dass es unentwegter Neugier bedarf, um mit den Entwicklungen auch Schritt zu halten. Dann aber ist es nicht sonderlich schwierig: Nichts am politischen Tagesgeschehen wäre so kompliziert oder verlangte so großes Fachwissen, dass nicht jeder Bürger es nachvollziehen könnte. Oftmals ist angesichts der Informationsfülle ein gewisses Gefühl der Überforderung naheliegend, aber nicht notwendig: Es braucht nichts mehr als einen wachen, interessierten und offenen Geist und einige Grundlagen politischer Bildung. Bleiben Sie also dran an der spannenden Entwicklung dieses Staates und übrigens: Sowohl die

Bundeszentrale für Politische Bildung als auch die Webseiten des Bundestags und der Ministerien stellen eine Fülle an interessanten, umfassenden und fundierten Informationen zu nahezu allen Themenfeldern zur Verfügung. Klicken Sie sich einfach einmal durch – es findet sich immer wieder ein spannender Artikel, der ein weiteres Puzzleteil im riesigen Bild der Welt ist.

Quellenverzeichnis

Bhagwati, Miriam. *Verbände.* dasWirtschaftslexion.com (http://www.daswirtschaftslexikon.com/d/verb%C3%A4nde/verb%C3%A4nde.htm Verbände)

Böcking, David/ Marquart Maria. 2013. *"Einwohnerveredelung" und andere Ungetüme.* Der Spiegel - **SPIEGEL-Verlag Rudolf Augstein GmbH & Co. KG** (https://www.spiegel.de/wirtschaft/soziales/laenderfinanzausgleich-geberlaender-und-nehmerlaender-a-878188.html)

Habermalz, Christiane. 2018. *Bundestag stimmt für Lockerung des Kooperationsverbotes.* Deutschlandfunk. Deutschlandradio Körperschaft des öffentlichen Rechts. (https://www.deutschlandfunk.de/grundgesetzaenderung-bundestag-stimmt-fuer-lockerung-des.680.de.html?dram:article_id=434613)

Ismayr, Wolfgang. 2013. *Der Deutsche Bundestag.* Lizenzausgabe für die Bundeszentrale für politische Bildung: Bonn

Korte, Karl-Rudolf. 2013. *Wahlen in Deutschland. Bundeszentrale für politische Bildung: Bonn*

Linn, Susanne/ Frank Sobolewski. 2014. *So arbeitet der Deutsche Bundestag.*

Mielke, Siegfried/ Peter Rütters. 2013. *Gewerkschaften.* In: **Andersen, Uwe/ Wichard Woyke.** *Handwörterbuch des politischen Systems der Bundesrepublik Deutschland.*

Pötzsch, Horst. 2009. *Die Deutsche Demokratie.* 5. überarbeitete und aktualisierte Auflage, Bundeszentrale für politische Bildung: Bonn

Schneider, Gerd, Christiane Toyka-Seid. 2020. *Das junge Politik-Lexikon*

Schubert, Klaus/ Martina Klein. 2018. *Das Politiklexikon.*

Scriba, Arnulf. 2014. *Die Weimarer Republik.* Stiftung Deutsches Historisches Museum: Berlin.

Sturm, Roland. 2009. *Die Föderalismusreform 2006 – Deutschland in bester Verfassung?*

Thurich, Eckart. 2011. *pocket politik. Demokratie in Deutschland.*

Veröffentlicht von der Bundeszentrale für politische Bildung, Bonn:

Bayer, Stefan. 2017. *Der Verteidigungshaushalt – Trendwende bei den Verteidigungsausgaben?* (https://www.bpb.de/politik/grundfragen/deutsche-verteidigungspolitik/249290/verteidigungsausgaben)

Decker, Frank. 2018. *Kurz und Bündig: Die AfD.* (https://www.bpb.de/politik/grundfragen/parteien-in-deutschland/afd/211108/kurz-und-buendig)

Decker, Frank. 2018. *Kurz und Bündig: Die CDU.* (https://www.bpb.de/politik/grundfragen/parteien-in-deutschland/cdu/42058/kurz-und-buendig)

Decker, Frank. 2018. *Kurz und Bündig: Die CSU.* (https://www.bpb.de/politik/grundfragen/parteien-in-deutschland/csu/42170/kurz-und-buendig)

Decker, Frank. 2018. *Kurz und Bündig: Die FDP.* (https://www.bpb.de/politik/grundfragen/parteien-in-deutschland/fdp/42106/kurz-und-buendig)

Decker, Frank. 2018. *Kurz und Bündig: Die GRÜNEN.* (https://www.bpb.de/politik/grundfragen/parteien-in-deutschland/gruene/42149/kurz-und-buendig)

Decker, Frank. 2018. *Kurz und Bündig: DIE LINKE.* (https://www.bpb.de/politik/grundfragen/parteien-in-deutschland/die-linke/42128/kurz-und-buendig)

Decker, Frank. 2018. *Kurz und Bündig: Die SPD.* (https://www.bpb.de/politik/grundfragen/parteien-in-deutschland/spd/42080/kurz-und-buendig)

Dittmayer, Wolf. 2014. *Wer regelt was bei Bund und Land?* (https://www.bpb.de/lernen/projekte/wahl-o-mat-im-unterricht/188466/wer-regelt-was?p=4)

Feldkamp, Michael F. 2008. *Zentrale Inhalte des Grundgesetzes.* (https://www.bpb.de/geschichte/deutsche-geschichte/grundgesetz-und-parlamentarischer-rat/39030/zentrale-artikel)

Gareis, Sven Bernhard. 2009. *Grundlagen, Akteure, Strukturen und Prozesse.* (https://www.bpb.de/izpb/7884/grundlagen-akteure-strukturen-und-prozesse?p=all)

Hepp, Gerd. 2013. *Wie der Staat das Bildungswesen prägt.* (https://www.bpb.de/gesellschaft/bildung/zukunft-bildung/145238/staat-als-akteur?p=all)

Hesse, Christine. 2009. *Editorial Deutsche Außenpolitik.* (https://www.bpb.de/izpb/7882/editorial)

Hilz, Wolfram. 2009. *Kontinuität und Wandel deutscher Außenpolitik nach 1990.* (https://www.bpb.de/izpb/7902/kontinuitaet-und-wandel-deutscher-aussenpolitik-nach-1990?p=2)

Kaim, Markus. 2015. *Israels Sicherheit als deutsche Staatsräson: Was bedeutet das konkret?* (https://www.bpb.de/apuz/199894/israels-sicherheit-als-deutsche-staatsraeson)

Kernic, Franz. 2016. *Demokratie und Wehrsystem.* (https://www.bpb.de/politik/grundfragen/deutsche-verteidigungspolitik/220651/wehrsystem)

Klaeren, Jutta. 2013. *Editorial Föderalismus in Deutschland.* (https://www.bpb.de/izpb/159330/editorial)

Korte, Karl-Rudolf. 2017. *Wahlsysteme.* (https://www.bpb.de/politik/wahlen/wahlen-in-deutschland/249561/wahlsysteme)

Kost, Andreas. 2006. *Bürgerbegehren und Bürgerentscheid.* https://www.bpb.de/apuz/29890/buergerbegehren-und-buergerentscheid

Kronenberg, Volker. 2009. *Grundzüge deutscher Außenpolitik 1949-1990.* (https://www.bpb.de/izpb/7892/grundzuege-deutscher-aussenpolitik-1949-1990?p=all)

Kruse, Wolfgang. 2013. *Das Ende des Kaiserreichs: Militärischer Zusammenbruch und Revolution.* (https://www.bpb.de/geschichte/deutsche-geschichte/ersterweltkrieg/155331/das-ende-des-kaiserreichs)

Pötzsch, Horst. 2009. *Parteien.* (https://www.bpb.de/politik/grundfragen/deutsche-demokratie/39317/parteien?p=0)

Probst, Lothar. 2014. *Die Fünfprozenthürde im deutschen Wahlsystem.* (https://www.bpb.de/politik/wahlen/bundestagswahlen/175680/die-fuenfprozenthuerde)

Scheller, Henrik. 2019. *"Digitalpakt Schule". Föderale Kulturhoheit zulasten der Zukunftsfähigkeit des Bildungswesens?* (https://www.bpb.de/apuz/293122/digitalpakt-schule-foederale-kulturhoheit-zulasten-der-zukunftsfaehigkeit-des-bildungswesens?p=2)

Schrenk, Lea. 2017. *Deutschland und der Ausnahmezustand.* (https://www.bpb.de/dialog/netzdebatte/246570/deutschland-und-der-ausnahmezustand)

Schüttemeyer, Suzanne S. 2007. *Die Logik der parlamentarischen Demokratie.* (https://www.bpb.de/izpb/8377/die-logik-der-parlamentarischen-demokratie?p=2)

Straßner, Alexander. 2006. *Funktionen von Verbänden in der modernen Gesellschaft.* (https://www.bpb.de/apuz/29798/funktionen-von-verbaenden-in-der-modernen-gesellschaft APuZ „Verbände und Lobbyismus“)

Stratenschulte, Eckard D. 2014. *Erweiterungen und Vertiefungen der europäischen Integration.* (https://www.bpb.de/internationales/europa/europaeische-union/42992/erweiterungen-und-vertiefungen?p=all)

Stratenschulte, Eckard D. 2014. *Gründung der Europäischen Gemeinschaften.* (https://www.bpb.de/internationales/europa/europaeische-union/42989/europaeische-gemeinschaften?p=0)

Sturm, Roland. 2013. *Finanzföderalismus.* (https://www.bpb.de/izpb/159356/finanzfoederalismus?p=all)

Sturm, Roland. 2013. *Landespolitik.* (https://www.bpb.de/izpb/159364/landespolitik)

Vorländer, Hans. 2008. *Warum Deutschlands Verfassung Grundgesetz heißt.* (https://www.bpb.de/geschichte/deutsche-geschichte/grundgesetz-und-parlamentarischer-rat/39014/warum-keine-verfassung)